LE COMTE

DE

MONTE-CHRISTO

PAR

ALEXANDRE DUMAS.

12

PARIS.

PÉTION, LIBRAIRE-ÉDITEUR

DES ŒUVRES COMPLÈTES D'EUGÈNE SUE,

11, RUE DU JARDINET.

1845

LE COMTE

DE

MONTE-CHRISTO.

PARIS. — IMPRIMERIE DE A. HENRY,
RUE GIT-LE-COEUR, 8.

LE COMTE

DE

MONTE-CHRISTO

PAR

ALEXANDRE DUMAS.

XII.

PARIS,

PÉTION, LIBRAIRE-ÉDITEUR

DES ŒUVRES COMPLÈTES D'EUGÈNE SUE,

11, RUE DU JARDINET.

1845

LE COMTE
DE
MONTE-CHRISTO.

CHAPITRE PREMIER.

LA CHAMBRE DU BOULANGER RETIRÉ.

Le soir même du jour où le comte de Morcerf était sorti de chez Danglars avec une honte et une fureur que rend concevables le refus du banquier, M. Andrea Cavalcanti, les cheveux frisés et luisants, les moustaches aiguisées, les gants blancs dessinant les ongles, était entré, presque debout sur son phaéton, dans la cour du banquier de la rue de la Chaussée-d'Antin.

Au bout de dix minutes de présentation au salon, il avait trouvé moyen de chambrer Danglars dans une embrasure de fenêtre, et là, après un adroit préambule, il avait exposé les tourments de sa vie depuis le départ de son noble père. Depuis ce départ, il avait, disait-il, dans la famille du banquier, où l'on avait bien voulu le recevoir comme un fils, il avait trouvé toutes les garanties de bonheur qu'un homme doit toujours rechercher avant les caprices de la passion; et, quant à la passion elle-même, il avait eu le bonheur de la rencontrer dans les beaux yeux de mademoiselle Danglars.

Danglars écoutait avec l'attention la plus profonde; il y avait déjà deux ou trois jours qu'il attendait cette déclaration, et lorsqu'elle arriva enfin, son œil se dilata autant qu'il s'était couvert et assombri en écoutant Morcerf.

Cependant, il ne voulut pas accueillir ainsi la proposition du jeune homme sans lui faire quelques observations de conscience.

— M. Andrea, lui dit-il, n'êtes-vous pas un peu jeune pour songer au mariage?

— Mais, non, Monsieur, reprit Cavalcanti, je ne trouve pas du moins : en Italie, les grands seigneurs se marient jeunes en général; c'est une coutume logique. La vie est si chanceuse que l'on doit saisir le bonheur aussitôt qu'il passe à notre portée.

— Maintenant, Monsieur, dit Danglars, en admettant que vos propositions, qui m'honorent, soient agréées de ma femme et de ma fille, avec qui débattrions-nous les intérêts? C'est, il me semble, une négociation importante que les pères seuls savent traiter convenablement pour le bonheur de leurs enfants.

— Monsieur, mon père est un homme sage, plein de convenance et de raison. Il a prévu la circonstance probable où j'éprouverais le désir de m'établir en France : il m'a donc laissé en partant, avec tous les papiers qui constatent mon identité, une lettre par laquelle il m'assure, dans le cas où je ferais un choix qui lui soit agréable, cent cinquante mille livres de rentes à partir du jour de mon mariage. C'est, autant que j'en puis juger, le quart du revenu de mon père.

— Moi, dit Danglars, j'ai toujours eu l'intention de donner à ma fille cinq cent mille francs en la mariant; c'est, d'ailleurs, ma seule héritière.

— Eh bien! dit Andrea, vous voyez, la chose serait pour le mieux en supposant que ma demande ne soit pas repoussée par madame la baronne Danglars et par mademoiselle Eugénie. Nous voilà à la tête de 175,000 liv de rentes. Supposons une chose, que j'obtienne du marquis qu'au lieu de me payer la rente il me donne le capital (ce ne sera pas facile, je le sais bien, mais enfin cela se peut), vous nous feriez valoir ces deux ou trois millions, et deux ou trois millions entre des mains habiles, peuvent toujours rapporter dix pour cent.

— Je ne prends jamais qu'à quatre, dit le banquier, et même à trois et demi. Mais à mon gendre, je prendrais à cinq, et nous partagerions les bénéfices.

— Eh bien! à merveille, beau-père, dit Cavalcanti se laissant entraîner à la nature quelque peu vulgaire qui, de temps en temps, malgré ses efforts, faisait éclater le vernis d'aristocratie dont il essayait de les couvrir.

Mais aussitôt se reprenant :

— Oh! pardon, Monsieur, dit-il, vous voyez, l'espérance seul me rend presque fou ; que serait-ce donc de la réalité?

— Mais, dit Danglars, qui, de son côté, ne s'apercevait pas combien cette conversation, désintéressée d'abord, tournait promptement à l'agence d'affaires, il y sans doute une portion de votre fortune que votre père ne peut vous refuser?

— Laquelle? demanda le jeune homme.

— Celle qui vient de votre mère.

— Eh! certainement, celle qui vient de ma mère, Léonora Corsinari.

— Et à combien peut monter cette portion de fortune?

— Ma foi, dit Andrea, je vous assure, Monsieur, que je n'ai jamais arrêté mon esprit sur ce sujet, mais je l'estime à deux millions pour le moins.

Danglars ressentit cette espèce d'étouffement joyeux que ressentent ou l'avare qui retrouve un trésor perdu, ou l'homme prêt à se noyer qui rencontre sous ses pieds la terre solide au lieu du vide dans lequel il allait s'engloutir.

— Eh bien! Monsieur, dit Andrea en saluant le banquier avec un tendre respect, puis-je espérer...

— M. Andrea, dit Danglars, espérez, et croyez bien que si nul obstacle de votre part n'arrête la marche de cette affaire, elle est conclue.

— Ah! vous me pénétrez de joie, Monsieur! dit Andrea.

— Mais, dit Danglars réfléchissant, comment se fait-il que M. le comte de Monte-Christo, votre patron en ce monde parisien, ne soit pas venu avec vous nous faire cette demande?

Andrea rougit imperceptiblement.

— Je viens de chez le comte, Monsieur, dit-il; c'est incontestablement un homme charmant, mais d'une originalité inconcevable; il m'a fort approuvé; il m'a dit même qu'il ne croyait pas que mon père hésitât un instant à me donner le capital au lieu de la rente; il m'a promis son influence pour m'aider à obtenir cela de lui; mais il m'a déclaré que personnellement il n'avait jamais pris et ne prendrait jamais sur lui cette responsabilité de faire une demande en mariage. Mais je dois lui rendre cette justice, il a daigné ajouter que, s'il avait jamais déploré cette répugnance, c'était à mon sujet, puisqu'il pensait que l'union projetée serait heureuse et assortie. Du reste, s'il ne veut rien faire officiellement, il se réserve de vous répondre, m'a-t-il dit, quand vous lui parlerez.

— Ah! fort bien.

— Maintenant, dit Andrea avec son plus charmant sourire, j'ai fini de parler au beau-père, et je m'adresse au banquier.

— Que lui voulez-vous, voyons? dit en riant Danglars à son tour.

— C'est après demain que j'ai quelque chose comme quatre mille francs à toucher chez vous ; mais le comte a compris que le mois dans lequel j'allais entrer amènerait peut-être un surcroît de dépenses auquel mon petit revenu de garçon ne saurait suffire, et voici un bon de vingt mille francs qu'il m'a, je ne dirai pas donné, mais offert. Il est signé de sa main, comme vous voyez ; cela vous convient-il ?

— Apportez-m'en comme celui-là pour un million, et je vous les prends, dit Danglars, en mettant le bon dans sa poche ; dites-moi votre heure pour demain, et mon garçon de caisse passera chez vous avec un reçu de vingt-quatre mille francs.

— Mais à dix heures du matin, si vous

voulez bien ; le plus tôt sera le mieux, je voudrais aller demain à la campagne.

— Soit, à dix heures, à l'hôtel des Princes, toujours ?

— Oui.

Le lendemain, avec une exactitude qui faisait honneur à la ponctualité du banquier, les vingt-quatre mille francs étaient chez le jeune homme, qui sortit effectivement, laissant deux cents francs pour Caderousse.

Cette sortie avait, de la part d'Andrea, pour but principal d'éviter son dangereux ami ; aussi rentra-t-il le soir le plus tard possible.

Mais à peine eut-il mis le pied sur le

pavé de la cour, qu'il trouva devant lui le concierge de l'hôtel qui l'attendait la casquette à la main.

— Monsieur, dit-il, cet homme est venu.

— Quel homme? demanda négligemment Andrea, comme s'il eût oublié celui dont au contraire il se souvenait trop bien.

— Celui à qui Votre Excellence fait cette petite rente.

— Ah! oui dit Andrea, cet ancien serviteur de mon père. Eh bien! vous lui avez donné les deux cents francs que j'avais laissés pour lui?

— Oui, Excellence, précisément.

Andrea se faisait appeler Excellence.

— Mais, continua le concierge, il n'a pas voulu les prendre.

Andrea pâlit; seulement, comme il faisait nuit, personne ne le vit pâlir.

— Comment! il n'a pas voulu les prendre? dit-il d'une voix légèrement émue.

— Non! il voulait parler à Votre Excellence. J'ai répondu que vous étiez sorti, il a insisté; mais enfin il a paru se laisser convaincre, et m'a donné cette lettre qu'il avait apportée toute cachetée.

— Voyons, dit Andrea.

Il lut à la lanterne de son phaéton :

« Tu sais où je demeure ; je t'attends demain à neuf heures du matin. »

Andrea interrogea le cachet pour voir s'il avait été forcé, et si des regards indiscrets avaient pu pénétrer dans l'intérieur de la lettre; mais elle était pliée de telle sorte, avec un tel luxe de lozanges et d'angles, que pour la lire il eût fallu rompre le cachet : or, le cachet était parfaitement intact.

— Très-bien, dit-il. Pauvre homme! c'est une bien excellente créature.

Et il laissa le concierge édifié par ces paroles, et ne sachant pas lequel il devait le plus admirer, du jeune maître ou du vieux serviteur.

— Dételez vite, et montez chez moi, dit Andrea à son groom.

En deux bonds, le jeune homme fut dans sa chambre et eut brûlé la lettre de Caderousse, dont il fit disparaître jusqu'aux cendres.

Il achevait cette opération lorsque le domestique entra.

— Tu es de la même taille que moi, Pierre? lui-dit-il.

J'ai cet honneur-là, Excellence, répondit le valet.

— Tu dois avoir une livrée neuve qu'on t'a apportée hier?

— Oui, Monsieur.

— J'ai affaire à une petite grisette à qui je ne veux dire ni mon titre ni ma condition ; prête-moi ta livrée, et apporte-moi tes papiers, afin que je puisse, si besoin est, coucher dans une auberge.

Pierre obéit.

Cinq minutes après, Andrea, complétement déguisé, sortait de l'hôtel sans être reconnu, prenait un cabriolet, et se faisait conduire à l'auberge du Cheval-Rouge, à Picpus.

Le lendemain, il sortit de l'auberge du Cheval-Rouge comme il était sorti de l'hôtel des Princes, c'est-à-dire sans être remarqué, descendit le faubourg Saint-Antoine, prit le boulevart jusqu'à la rue Ménilmontant, et, s'arrêtant à la porte de la troisième maison à gauche, chercha à qui il pouvait, en l'absence du concierge, demander des renseignements.

— Que cherchez-vous, mon joli garçon? demanda la fruitière de face.

— M. Pailletin, s'il vous plaît, ma grosse maman? répondit Andrea.

— Un boulanger retiré? demanda la fruitière.

— Justement, c'est cela.

— Au fond de la cour, à gauche, au troisième.

Andrea prit le chemin indiqué, et au troisième trouva une patte de lièvre qu'il agita avec un sentiment de mauvaise humeur dont le mouvement précipité de la sonnette se ressentit.

Une seconde après, la figure de Caderousse apparut au grillage pratiqué dans la porte.

— Ah! tu es exact, dit-il.

Et il tira les verrous.

— Parbleu! dit Andrea en entrant.

Et il lança devant lui sa casquette de livrée qui, manquant la chaise, tomba à terre et fit le tour de la chambre en roulant sur sa circonférence.

— Allons, allons, dit Caderousse, ne

te fâche pas, le petit. Voyons, tiens, j'ai pensé à toi, regarde un peu le bon déjeuner que nous aurons : rien que des choses que tu aimes, tron-de-lair !

Andrea sentit en effet, en respirant, une odeur de cuisine dont les arômes grossiers ne manquaient pas d'un certain charme pour un estomac affamé; c'était ce mélange de graisse fraîche et d'ail qui signale la cuisine provençale d'un ordre inférieur; c'était en outre un goût de poisson gratiné, puis, par-dessus, tout l'âpre parfum de la muscade et de la girofle. Tout cela s'exhalait de deux plats creux et couverts, posés sur deux fourneaux, et d'une casserole qui bruissait dans le four d'un poêle de fonte.

Dans la chambre voisine, Andrea vit

en outre une table assez propre ornée de deux couverts, de deux bouteilles de vin cachetées, l'une de vert, l'autre de jaune, d'une bonne mesure d'eau-de-vie dans un carafon et d'une macédoine de fruits dans une large feuille de chou posée avec art sur une assiette de faïence.

— Que t'en semble, le petit? dit Caderousse; heim! comme cela embaume! Ah dame! tu sais, j'étais bon cuisinier là-bas : te rappelles-tu comme on se léchait les doigts de ma cuisine? Et toi, tout le premier, tu en as goûté de mes sauces, et tu ne les méprisais pas, que je crois.

Et Caderousse se mit à éplucher un supplément d'ognons.

— C'est bon, c'est bon, dit Andrea

avec humeur; pardieu! si c'est pour déjeuner avec toi que tu m'as dérangé, que le diable t'emporte!

— Mon fils, dit sentencieusement Caderousse, en mangeant l'on cause; et puis, ingrat que tu es, tu n'as donc pas de plaisir à voir un peu ton ami? moi, j'en pleure de joie.

Caderousse, en effet, pleurait réellement; seulement, il eût été difficile de dire si c'était la joie ou les ognons qui opéraient sur la glande lacrymale de l'ancien aubergiste du pont du Gard.

— Tais-toi donc, hypocrite! dit Andrea; tu m'aimes, toi?

— Oui, je t'aime, ou le diable m'emporte ; c'est une faiblesse, dit Caderousse, je le sais bien, mais c'est plus fort que moi.

— Ce qui ne t'empêche pas de m'avoir fait venir pour quelque perfidie.

— Allons donc! dit Caderousse en essuyant son large couteau à son tablier, si je ne t'aimais pas, est-ce que je supporterais la vie misérable que tu me fais ? Regarde un peu, tu as sur le dos l'habit de ton domestique, donc tu as un domestique; moi je n'en ai pas, et je suis forcé d'éplucher mes légumes moi-même : tu fais fi de ma cuisine, parce que tu dînes à la table d'hôte de l'hôtel des Princes ou au café de Paris. Eh bien ! moi aussi, je pourrais avoir un domestique; moi aussi, je pourrais avoir un tilbury; moi aussi, je pourrais dîner où je voudrais; eh bien! pourquoi est-ce que je m'en prive? pour ne pas faire de peine à mon petit Benedetto. Voyons, avoue seulement que je le pourrais, heim?

Et un regard parfaitement clair de Caderousse termina le sens de la phrase.

— Allons, dit Andrea, mettons que tu m'aimes : alors pourquoi exiges-tu que je vienne déjeuner avec toi?

— Mais pour te voir, le petit.

— Pour me voir, à quoi bon? puisque nous avons fait d'avance toutes nos conditions.

— Eh! cher ami, dit Caderousse,

est-ce qu'il y a des testaments sans codicilles? Mais tu es venu pour déjeuner d'abord, n'est-ce pas? Eh bien! voyons, assieds-toi, et commençons par ces sardines et ce beurre frais, que j'ai mis sur des feuilles de vigne à ton intention, méchant. Ah! oui, tu regardes ma chambre, mes quatre chaises de paille, mes images à trois francs le cadre. Dame! que veux-tu, ça n'est pas l'hôtel des Princes.

— Allons, te voilà dégoûté à présent, tu n'es plus heureux, toi qui ne demandais qu'à avoir l'air d'un boulanger retiré.

Caderousse poussa un soupir.

— Eh bien! qu'as-tu à dire? tu as vu ton rêve réalisé.

— J'ai à dire que c'est un rêve, un boulanger retiré, mon pauvre Benedetto, c'est riche, cela a des rentes.

— Pardieu, tu en as des rentes.

— Moi?

— Oui, toi, puisque je t'apporte tes deux cents francs.

Caderousse haussa les épaules.

— C'est humiliant, dit-il, de recevoir ainsi de l'argent donné à contre-cœur, de l'argent éphémère, qui peut me manquer du jour au lendemain. Tu vois bien que je suis obligé de faire des économies pour le cas où ta prospérité ne durerait pas. Eh mon ami! la fortune, elle est inconstante, comme disait l'aumônier du...

régiment. Je sais bien qu'elle est immense, ta prospérité, scélérat ; tu vas épouser la fille de Danglars.

— Comment! de Danglars?

— Et certainement de Danglars! Ne faut-il pas que je dise : du baron Danglars ? C'est comme si je disais : du comte Benedetto... C'était un ami, Danglars, et s'il n'avait pas la mémoire si mauvaise, il devrait m'inviter à ta noce... attendu qu'il est venu à la mienne... oui, oui, oui, à la mienne! Dame! il n'était pas si fier dans ce temps-là ; il était petit commis chez ce bon M. Morrel. J'ai dîné plus d'une fois avec lui et le comte de Morcerf... Va, tu vois que j'ai de belles connaissances, et que, si je voulais les cultiver un petit peu, nous nous rencontrerions dans les mêmes salons.

— Allons donc, ta jalousie te fait voir des arcs-en-ciel, Caderousse.

— C'est bon, Benedetto mio, on sait ce que l'on dit. Peut-être qu'un jour aussi l'on mettra son habit des dimanches, et qu'on ira dire à une porte cochère : « Le cordon s'il vous plaît! » En attendant, assieds-toi et mangeons.

Caderousse donna l'exemple et se mit à déjeuner de bon appétit, et en faisant l'éloge de tous les mets qu'il servait à son hôte. Celui-ci sembla prendre son parti, déboucha bravement les bouteilles et attaqua la bouille-abaïsse et la morue gratinée à l'ail et à l'huile.

— Ah! compère, dit Caderousse, il paraît que tu te raccommodes avec ton ancien maître d'hôtel?

— Ma foi, oui, répondit Andrea, chez lequel, jeune et vigoureux qu'il était, l'appétit l'emportait pour le moment sur toute autre chose.

— Et tu trouves cela bon, coquin?

— Si bon que je ne comprends pas comment un homme qui fricasse et qui mange de si bonnes choses peut trouver que la vie est mauvaise.

— Vois-tu, dit Caderousse, c'est que tout mon bonheur est gâté par une seule pensée.

— Laquelle?

— C'est que je vis aux dépens d'un ami, moi qui ai toujours bravement gagné ma vie moi-même.

— Oh! oh! qu'à cela ne tienne, dit Andrea, j'ai assez pour deux, ne te gêne pas.

— Non, vraiment : tu me croiras si tu veux, à la fin de chaque mois j'ai des remords.

— Bon Caderousse!

— C'est au point qu'hier je n'ai pas voulu prendre les deux cents francs.

— Oui, tu voulais me parler; mais était-ce bien le remords, voyons?

— Le vrai remords; et puis il m'était venu une idée.

Andrea frémit; il frémissait toujours aux idées de Caderousse.

— C'est misérable, vois-tu, continua celui-ci, d'être toujours à attendre la fin d'un mois.

— Eh! dit philosophiquement Andrea, décidé à voir venir son compagnon, la vie ne se passe-t-elle pas à attendre? Moi, par exemple, est-ce que je fais autre chose? Eh bien, je prends patience, n'est-ce pas?

— Oui, parce qu'au lieu d'attendre deux cents misérables francs, tu en attends cinq ou six mille, peut-être dix, peut-être douze même; car tu es un cachotier: là-bas, tu avais toujours des boursicots, des tirelires que tu essayais de soustraire à ce pauvre ami Caderousse. Heureusement qu'il avait le nez fin, l'ami Caderousse en question.

— Allons, voilà que tu vas te remettre à divaguer, dit Andrea, à parler et à reparler du passé toujours! Mais à quoi bon rabâcher comme cela, je te le demande?

— Ah! c'est que tu as vingt-un ans, toi, et que tu peux oublier le passé; j'en ai cinquante, moi, et je suis bien forcé de m'en souvenir. Mais n'importe, revenons aux affaires.

— Oui.

— Je voulais dire que si j'étais à ta place...

— Eh bien?

— Je réaliserais...

— Comment! tu réaliserais...

— Oui, je demanderais un semestre d'avance, sous prétexte que je veux devenir éligible, et que je vais acheter une ferme, puis avec mon semestre je décamperais.

— Tiens, tiens, tiens, fit Andrea, ce n'est pas si mal pensé cela peut-être !

— Mon cher ami, dit Caderousse, mange de ma cuisine et suis mes conseils, tu ne t'en trouveras pas plus mal, physiquement et moralement.

— Eh bien ! mais, dit Andrea, pourquoi ne suis-tu pas toi-même le conseil que tu donnes ? pourquoi ne réalises-tu pas un semestre, une année même, et ne te retires-tu pas à Bruxelles? Au lieu d'avoir l'air d'un boulanger retiré, tu aurais l'air d'un banqueroutier dans l'exercice de ses fonctions : cela est bien porté.

— Mais comment diable veux-tu que je me retire avec douze cents francs?

— Ah! Caderousse, dit Andrea, comme tu te fais exigeant! il y a deux mois, tu mourais de faim.

— L'appétit vient en mangeant, dit Caderousse en montrant ses dents comme un singe qui rit ou comme un tigre qui gronde. Aussi, ajouta-t-il en coupant avec ces mêmes dents, si blanches et si aiguës malgré l'âge, une énorme bouchée de pain, j'ai fait un plan.

Les plans de Caderousse épouvantaient Andrea encore plus que ses idées; les idées n'étaient que le germe, le plan, c'était la réalisation.

— Voyons ce plan, dit-il; ce doit être joli!

— Pourquoi pas? Le plan, grâce auquel nous avons quitté l'établissement de M. Chose, de qui venait-il, hein? de moi, je présuppose; il n'en était pas plus mauvais, ce me semble, puisque nous voilà ici!

— Je ne dis pas, répondit Andrea, tu as quelquefois du bon; mais enfin, voyons ton plan.

— Voyons, poursuivit Caderousse,

peux-tu, toi, sans débourser un sou, me faire avoir une quinzaine de mille francs... non, ce n'est pas assez de quinze mille francs, je ne veux pas redevenir honnête homme à moins de trente mille francs?

— Non, répondit sèchement Andrea, non, je ne le puis pas.

— Tu ne m'as pas compris, à ce qu'il paraît, répondit froidement Caderousse d'un air calme; je t'ai dit sans débourser un sou.

— Ne veux-tu pas que je vole pour gâter toute mon affaire, et la tienne avec la mienne, et pour qu'on nous reconduise là-bas?

— Oh! moi, dit Caderousse, ça m'est bien égal qu'on me reprenne; je suis un drôle de corps, sais-tu : je m'ennuie parfois des camarades; ce n'est pas comme toi, sans cœur, qui voudrais ne jamais les revoir !

Andrea fit plus que frémir cette fois, il pâlit.

— Voyons, Caderousse, pas de bêtises, dit-il.

— Et non, sois donc tranquille, mon petit Benedetto; mais indique-moi un petit moyen de gagner ces trente mille francs sans te mêler de rien ; tu me laisseras faire, voilà tout!

— Eh bien! je verrai, je chercherai, dit Andrea.

— Mais, en attendant, tu pousseras mon mois à cinq cents francs, n'est-ce pas, le petit? J'ai une manie, je voudrais prendre une bonne!

— Eh bien! tu auras tes cinq cents francs, dit Andrea; mais c'est lourd pour moi, mon pauvre Caderousse..., tu abuses...

— Bah! dit Caderousse, puisque tu puises dans des coffres qui n'ont point de fond.

On eût dit qu'Andrea attendait là son compagnon, tant son œil brilla d'un rapide éclair qui, il est vrai, s'éteignit aussitôt.

— Ça c'est la vérité, répondit Andrea,

et mon protecteur est excellent pour moi.

— Ce cher protecteur, dit Caderousse, ainsi donc il te fait par mois?.....

— Cinq mille francs, dit Andrea.

— Autant de mille que tu me fais de cents, reprit Caderousse; en vérité, il n'y a que les bâtards pour avoir du bonheur. Cinq mille francs par mois... Que diable que peut-on faire de tout cela?

— Eh, mon Dieu! c'est bien vite dépensé; aussi, je suis comme toi, je voudrais bien avoir un capital.

— Un capital... oui... je comprends...

tout le monde voudrait bien avoir un capital.

— Eh bien! moi j'en aurai un.

— Et qui est-ce qui te le fera? ton prince?

— Oui, mon prince; malheureusement il faut que j'attende.

— Que tu attendes quoi? demanda Caderousse.

— Sa mort,

— La mort de ton prince?

— Oui.

— Comment cela ?

— Parce qu'il m'a porté sur son testament.

— Vrai ?

— Parole d'honneur !

— Pour combien ?

— Pour cinq cent mille !

— Rien que cela, merci du peu.

— C'est comme je te le dis.

— Allons donc, pas possible !

— Caderousse, tu es mon ami?

— Comment donc? à la vie, à la mort.

— Eh bien, je vais te dire un secret.

— Dis.

— Mais écoute.

— Oh! pardieu? muet comme une carpe.

— Eh bien! je crois.....

Andrea s'arrêta en regardant autour de lui.

— Tu crois?... N'aie pas peur, pardieu! nous sommes seuls.

— Je crois que j'ai retrouvé mon père.

— Ton vrai père?

— Oui.

— Pas le père Cavalcanti?

— Non, puisque celui-là est reparti; le vrai, comme tu dis.

— Et ce père, c'est...

— Eh bien! Caderousse, c'est le comte de Monte-Christo.

— Bah !

— Oui ; tu comprends, alors tout s'explique. Il ne peut pas m'avouer tout haut, à ce qu'il paraît, mais il me fait reconnaître par M. Cavalcanti, à qui il donne cinquante mille francs pour ça.

— Cinquante mille francs pour être ton père ! Moi, j'aurais accepté pour moitié prix, pour vingt mille, pour quinze mille ; comment n'as-tu pas pensé à moi, ingrat ?

— Est-ce que je savais cela, puisque tout s'est fait tandis que nous étions là-bas ?

— Ah ! c'est vrai. Et tu dis que, par son testament ?...

— Il me laisse cinq cent mille livres.

— Tu en es sûr ?

— Il me l'a montré ; mais ce n'est pas le tout.

— Il y a un codicille, comme je disais tout-à-l'heure ?

— Probablement.

— Et dans ce codicille ?...

— Il me reconnaît.

— Oh ! le bon homme de père, le brave homme de père, l'honnêtissime homme de père ! dit Caderousse en faisant tourner en l'air une assiette qu'il retint entre ses deux mains.

— Voilà ! dis encore que j'ai des secrets pour toi !

— Non, et ta confiance t'honore à mes yeux. Et ton prince de père, il est donc riche, richissime ?

— Je crois bien. Il ne connaît pas sa fortune.

— Est-ce possible ?

— Dame ! je le vois bien, moi qui suis reçu chez lui à toute heure. L'autre jour, c'était un garçon de banque qui lui apportait cinquante mille francs dans un portefeuille gros comme ta serviette ; hier c'est son banquier qui lui apportait cent mille francs en or.

Caderousse était abasourdi ; il lui semblait que les paroles du jeune homme avaient le son du métal, et qu'il entendait rouler des cascades de louis.

— Et tu vas dans cette maison-là ? s'écria-t-il avec naïveté.

— Quand je veux.

Caderousse demeura pensif un instant. Il était facile de voir qu'il retournait dans son esprit quelque profonde pensée.

Puis soudain :

— Que j'aimerais avoir tout cela, s'écria-t-il, et comme cela doit être beau !

— Le fait est, dit Andrea, que c'est magnifique !

— Et ne demeure-t-il pas avenue des Champs-Elysées ?

— Numéro trente

— Ah ! dit Caderouse, numéro trente ?

— Oui, une belle maison isolée, entre cour et jardin, tu ne connais que cela.

— C'est possible; mais ce n'est pas l'extérieur qui m'occupe, c'est l'intérieur : les beaux meubles ! heim, qu'il doit y avoir là dedans !

— As-tu vu quelquefois les Tuileries?

— Non.

— Eh bien ! c'est plus beau.

— Dis donc, Andrea, il doit faire bon à se baisser quand ce bon M. Monte-Christo laisse tomber sa bourse ?

— Oh ! mon Dieu ! ce n'est pas la peine d'attendre ce moment-là, dit Andrea, l'argent traîne dans cette maison-là, comme les fruits dans un verger.

— Dis donc, tu devrais m'y conduire un jour avec toi.

— Est-ce que c'est possible, et à quel titre ?

— Tu as raison, mais tu m'as fait venir l'eau à la bouche, faut absolument que je voie cela ; je trouverai un moyen.

— Pas de bêtise, Caderousse !

— Je me présenterai comme frotteur.

— Il y a des tapis partout.

— Ah ! pécaire ! alors il faut que je me contente de voir cela en imagination.

— C'est ce qu'il y a de mieux, crois-moi.

— Tâche au moins de me faire comprendre ce que cela peut être.

— Comment veux-tu?

— Rien de plus facile. Est-ce grand ?

— Ni trop grand ni trop petit.

— Mais comment est-ce distribué ?

— Dame ! il me faudrait de l'encre et du papier pour faire un plan.

— En voilà ! dit vivement Caderousse.

Et il alla chercher sur un vieux secrétaire une feuille de papier blanc, de l'encre et une plume.

— Tiens, dit Caderousse, trace-moi tout cela sur le papier, mon fils.

Andrea prit la plume avec un imperceptible sourire et commença :

— La maison comme je te l'ai dit, est entre cour et jardin ; vois-tu, comme cela.

Et Andrea fit le tracé du jardin, de la cour et de la maison.

— Des grands murs ?

— Non, huit ou dix pieds tout au plus.

— Ce n'est pas prudent, dit Caderousse.

— Dans la cour, des caisses d'orangers, des pelouses, des massifs de fleurs.

— Et pas de pièges à loups ?

— Non.

— Les écuries.

— Aux deux côtés de la grille, où tu vois, là.

Et Andrea continua son plan.

— Voyons le rez-de-chaussée, dit Caderousse.

— Au rez-de-chaussée, salle à manger, deux salons, salle de billard, escalier dans le vestibule, et petit escalier dérobé.

— Des fenêtres ?

— Des fenêtres magnifiques, si belles, si larges, que, ma foi oui, je crois qu'un homme de ta taille passerait par chaque carreau.

— Pourquoi diable a-t-on des escaliers, quand on a des fenêtres pareilles ?

— Que veux-tu ! le luxe.

— Mais des volets ?

— Oui, des volets, mais dont on ne se sert jamais. Un original, ce comte de Monte-

Christo, qui aime à voir le ciel même pendant la nuit !

— Et les domestiques, où couchent-ils ?

— Oh ! ils ont leur maison à eux. Figure-toi un joli hangar à droite en entrant, où l'on serre les échelles. Eh bien ! il y a sur ce hangar une collection de chambres pour les domestiques, avec des sonnettes correspondant aux chambres.

— Ah diable ! des sonnettes !

— Tu dis ?...

— Moi, rien. Je dis que cela coûte très-cher à poser, les sonnettes, et à quoi cela sert-il, je te le demande ?

— Autrefois il y avait un chien qui se promenait la nuit dans la cour, mais on l'a fait conduire à la maison d'Auteuil, tu sais, à celle où tu es venu ?

— Oui.

— Moi je le lui disais encore hier : C'est imprudent de votre part, monsieur le Comte ; car lorsque vous allez à Auteuil et que vous emmenez vos domestiques, la maison reste seule.

— Eh bien ! a-t-il demandé, après ?

— Eh bien ! après, quelque beau jour on vous volera.

— Qu'a-t-il répondu ?

— Ce qu'il a répondu ?

— Oui.

— Il a répondu : Eh bien! qu'est-ce que cela me fait qu'on me vole.

— Andrea, il y a quelque secrétaire à mécanique.

— Comment cela ?

— Oui, qui prend le voleur dans une grille et qui joue un air. On m'a dit qu'il y en avait comme cela à la dernière Exposition.

— Il a tout bonnement un secrétaire en acajou, auquel j'ai toujours vu la clef.

— Et on ne le vole pas ?

— Non, les gens qui le servent lui sont tout dévoués.

— Il doit y en avoir dans ce secrétaire-là, hein, de la monnaie ?

— Il y a peut-être... on ne peut pas savoir ce qu'il y a.

— Et où est-il ?

— Au premier.

— Fais-moi donc un peu le plan du premier, le petit, comme tu m'as fait celui du rez-de-chaussée ?

— C'est facile.

Et Andrea reprit la plume.

— Au premier, vois-tu, il y a antichambre, salon ; à droite du salon, bibliothèque et cabinet de travail ; à gauche du salon, une chambre à coucher et un cabinet de toilette. C'est dans le cabinet de toilette qu'est le fameux secrétaire.

— Et une fenêtre au cabinet de toilette ?

— Deux, là et là.

Et Andrea dessina deux fenêtres à la pièce qui, sur le plan, faisait l'angle et figurait comme un carré moins grand ajouté au carré-long de la chambre à coucher.

Caderousse devint rêveur.

— Et va-t-il souvent à Auteuil? demanda-t-il.

— Deux ou trois fois par semaine; demain, par exemple, il doit y aller passer la journée et la nuit.

— Tu en es sûr?

— Il m'a invité à y aller dîner.

— A la bonne heure, voilà une existence! dit Caderousse : maison à la ville, maison à la campagne.

— Voilà ce que c'est que d'être riche.

— Et iras-tu y dîner ?

— Probablement.

— Quand tu y dînes, y couches-tu ?

— Quand cela me fait plaisir. Je suis chez le comte comme chez moi.

Caderousse regarda le jeune homme comme pour arracher la vérité du fond de son cœur. Mais Andrea tira une boîte à cigares de sa poche, y prit un havane, l'alluma tranquillement et commença à le fumer sans affectation.

— Quand veux-tu les cinq cents francs? demanda-t-il à Caderousse.

— Mais tout de suite, si tu les as.

Andrea tira vingt-cinq louis de sa poche.

— Des jaunets, dit Caderousse, non, merci !

— Eh bien ! tu les méprises ?

— Je les estime, au contraire ; mais je n'en veux pas.

— Tu gagneras le change, imbécille ; l'or vaut cinq sous.

— C'est ça, et puis le changeur fera suivre l'ami Caderousse, et puis on lui mettra la main dessus, et puis il faudra qu'il dise quels sont les fermiers, qui lui paient ses redevances en or. Pas de bêtises, le petit : de l'argent tout simplement, des pièces rondes à l'effigie d'un monarque quelconque. Tout le monde peut atteindre à une pièce de cinq francs.

— Tu comprends bien que je n'ai pas cinq cents francs avec moi, il m'aurait fallu prendre un commissionnaire.

— Eh bien ! laisse-les chez toi, à ton concierge, c'est un brave homme, j'irai les prendre.

— Aujourd'hui ?

— Non, demain ; aujourd'hui je n'ai pas le temps.

— Eh bien! soit, demain, en partant pour Auteuil, je les laisserai.

— Je peux compter dessus?

— Parfaitement.

— C'est que je vais arrêter d'avance ma bonne, vois-tu.

— Arrête : mais ce sera fini, heim? tu ne me tourmenteras plus ?

— Jamais.

Caderousse était devenu si sombre, qu'Andrea craignit d'être forcé de s'apercevoir de ce changement. Il redoubla donc de gaîté et d'insouciance.

— Comme tu es guilleret, dit Caderousse, on dirait que tu tiens déjà ton héritage!

— Non pas, malheureusement!... Mais le jour où je le tiendrai...

— Eh bien?

— Eh bien! on se souviendra des amis, je ne te dis que ça.

— Oui, comme tu as bonne mémoire, justement.

— Que veux-tu? je croyais que tu voulais me rançonner.

— Moi! oh! quelle idée! Moi qui, au

contraire, vais encore te donner un conseil d'ami.

— Lequel ?

— C'est de laisser ici le diamant que tu as à ton doigt. Ah ça! mais tu veux donc nous faire prendre? tu veux donc nous perdre tous les deux, que tu fais de pareilles bêtises ?

— Pourquoi cela? dit Andrea.

— Comment! tu prends une livrée, tu te déguises en domestique, et tu gardes à ton doigt un diamant de quatre à cinq mille francs !

— Peste! tu estimes juste! Pourquoi ne te fais-tu pas commissaire-priseur?

— C'est que je m'y connais en diamants, j'en ai eu.

— Je te conseille de t'en vanter, dit Andrea, qui, sans se courroucer, comme le craignait Caderousse, de cette nouvelle extorsion, livra complaisamment la bague.

Caderousse la regarda de si près, qu'il fut clair pour Andrea qu'il examinait si les arêtes de la coupe étaient bien vives.

— C'est un faux diamant, dit Caderousse.

— Allons donc, fit Andrea, plaisantes-tu?

— Oh! ne te fâche pas, on peut'voir.

Et Caderousse alla à la fenêtre, fit glisser le diamant sur le carreau, on entendit crier la vître.

— *Confiteor!* dit Caderousse en passant le diamant à son petit doigt, je me trompais; mais ces voleurs de joailliers imitent si bien les pierres, qu'on n'ose plus aller voler dans les boutiques de bijouterie, c'est encore une branche d'industrie paralysée.

— Eh bien! dit Andrea, est-ce fini? as-tu encore quelque chose à me demander? te faut-il ma veste, veux-tu ma casquette? ne te gêne pas pendant que tu y es.

— Non, tu es un bon compagnon au fond. Je ne te retiens plus, et je tâcherai de me guérir de mon ambition.

— Mais prends garde qu'en vendant ce diamant il ne t'arrive ce que tu craignais qu'il t'arrivât pour l'or.

— Je ne le vendrai pas, sois tranquille.

— Non, pas d'ici après-demain, du moins, pensa le jeune homme.

— Heureux coquin, dit Caderousse, tu t'en vas retrouver tes laquais, tes chevaux, ta voiture et ta fiancée?

— Mais oui, dit Andrea.

— Dis donc, j'espère que tu me feras un joli cadeau de noces le jour où tu épouseras la fille de mon ami Danglars?

— Je t'ai déjà dit que c'était une imagination que tu t'étais mise en tête.

— Combien de dot?

— Mais je te dis....

— Un million?

Andrea haussa les épaules.

— Va pour un million, dit Caderousse; tu n'en auras jamais autant que je t'en désire.

— Merci, dit le jeune homme.

— Oh! c'est de bon cœur, ajouta Caderousse en riant de son gros rire. Attends que je te reconduise.

— Ce n'est pas la peine.

— Si fait.

— Pourquoi cela ?

— Oh! parce qu'il y a un petit secret à la porte; c'est une mesure de précaution que j'ai cru devoir adopter; serrure Huret et Fichet, revue et corrigée par Gaspard Caderousse. Je t'en confectionnerai une pareille quand tu seras capitaliste.

— Merci, dit Andrea; je te ferai prévenir huit jours d'avance.

Ils se séparèrent. Caderousse resta sur le palier jusqu'à ce qu'il eût vu Andrea non-seulement descendre les trois étages, mais encore traverser la cour. Alors il rentra précipitamment, referma sa porte avec soin, et se mit à étudier, en profond architecte, le plan que lui avait laissé Andrea.

— Ce cher Benedetto, dit-il, je crois qu'il ne serait pas fâché d'hériter, et que celui qui avancera le jour où il doit palper ses cinq cent mille francs ne sera pas son plus méchant ami.

CHAPITRE II.

L'EFFRACTION.

Le lendemain du jour où avait eu lieu la conversation que nous venons de rapporter, le comte de Monte-Christo était en effet parti pour Auteuil, avec Ali, plusieurs domestiques et des chevaux qu'il voulait essayer. Ce qui avait surtout déterminé ce départ, auquel il ne songeait même pas la veille, auquel Andrea ne songeait pas plus que lui, c'était l'arrivée de Bertuccio, qui, revenu de Normandie, rapportait des nouvelles de la maison et de la corvette. La maison était prête, et la corvette, arrivée depuis huit jours, à l'ancre dans une petite anse où elle se tenait avec son équipage de six hommes, après avoir rempli toutes les formalités exigées, était déjà en état de reprendre la mer.

Le comte loua le zèle de Bertuccio, et l'invita à se préparer à un prompt départ, son séjour en France ne devant plus se prolonger au-delà d'un mois.

— Maintenant, lui dit-il, je puis avoir besoin d'aller en une nuit de Paris au Tréport, je veux huit relais échelonnés sur la route qui me permettent de faire cinquante lieues en dix heures.

— Votre Excellence avait déjà manifesté ce désir, répondit Bertuccio, et les chevaux sont tout prêts. Je les ai achetés et cantonnés moi-même aux endroits les plus commodes, c'est-à-dire dans des villages où personne ne s'arrête ordinairement.

— C'est bien, dit Monte-Christo, je reste ici un jour ou deux, arrangez-vous en conséquence.

Comme Bertuccio allait sortir pour ordonner tout ce qui avait rapport à ce séjour, Baptistin ouvrit la porte; il tenait une lettre sur un plateau de vermeil.

— Que venez-vous faire ici? demanda le Comte en le voyant tout couvert de poussière, je ne vous ai pas demandé, ce me semble?

Baptistin, sans répondre, s'approcha du comte et lui présenta la lettre.

— Importante et pressée, dit-il.

Le comte ouvrit la lettre et lut :

« M. de Monte-Christo est prévenu que cette nuit même un homme s'introduira dans sa maison des Champs-Elysées pour soustraire des papiers qu'il croit enfermés dans le secrétaire du cabinet de toilette : on sait M. le comte de Monte-Christo assez brave pour ne pas recourir à l'intervention de la police, intervention qui pourrait compromettre fortement celui qui lui donne cet avis. M. le Comte, soit par une ouverture qui donnera de la chambre à coucher dans le cabinet, soit en s'embusquant dans le cabinet, pourra se faire justice lui-même. Beaucoup de gens et de précautions apparentes éloigneraient certainement le malfaiteur, et feraient perdre à M. de Monte-Christo cette occasion de connaître un ennemi que le hasard a fait découvrir à la personne qui donne cet avis au comte, avis qu'elle n'aurait peut-être pas l'occasion de renouveler, si, cette première entreprise échouant, le malfaiteur en renouvelait une autre. »

Le premier mouvement du comte fut de croire à une ruse de voleurs, piège grossier qui lui signalait un danger médiocre pour l'exposer à un danger plus grave. Il allait donc faire porter la lettre à un commissaire de police, malgré la recommandation et peut-être même à cause de la recommandation de l'ami anonyme, quand tout-à-coup l'idée lui vint que ce pouvait être, en effet, quelqu'ennemi particulier à lui, que lui seul pouvait reconnaître, et dont, le cas échéant, lui seul pouvait tirer parti, comme avait fait Fiesque du Maure qui avait voulu l'assassiner.

On connaît le comte ; nous n'avons donc pas besoin de dire que c'était un esprit plein d'audace et de vigueur, qui se roidissait contre l'impossible avec cette énergie qui fait seule les hommes supérieurs. Par la vie qu'il avait menée, par la décision qu'il avait prise et qu'il avait tenue de ne reculer devant rien, le comte en était venu à savourer des jouissances inconnues dans les luttes qu'il entreprenait parfois contre la nature qui est Dieu, et contre le monde qui peut bien passer pour le diable.

— Ils ne veulent pas me voler mes papiers, dit Monte-Christo, ils veulent me tuer ; ce ne sont pas des voleurs, ce sont des assassins. Je ne veux pas que M. le préfet de police se mêle de mes affaires particulières. Je suis assez riche, ma foi, pour dégrever, en ceci, le budget de son administration.

Le comte rappela Baptistin, qui était sorti de la chambre après avoir rapporté la lettre.

— Vous allez retourner à Paris, dit-il, vous ramènerez ici les domestiques qui restent. J'ai besoin de tout mon monde à Auteuil.

— Mais ne restera-t-il donc personne à la maison, monsieur le Comte? demanda Baptistin.

— Si fait, le concierge.

— Monsieur le Comte réfléchira qu'il y loin de la loge à la maison.

— Eh bien?

— Eh bien! on pourrait dévaliser tout le logis, sans qu'il entendît le moindre bruit.

— Qui cela ?

— Mais des voleurs.

— Vous êtes un niais, monsieur Baptistin ; les voleurs, dévalisassent-ils tout le logement, ne m'occasionneront jamais le désagrément que m'occasionnerait un service mal fait.

Baptistin s'inclina.

— Vous m'entendez, dit le comte, ramenez vos camarades depuis le premier jusqu'au dernier; mais que tout reste dans l'état habituel; vous fermerez les volets du rez-de-chaussée, voilà tout.

— Et ceux du premier ?

— Vous savez qu'on ne les ferme jamais. Allez!

Le comte fit dire qu'il dînerait seul chez lui, et ne voulait être servi que par Ali.

Il dîna avec sa tranquillité et sa sobriété habituelles, et après le dîner, faisant signe à Ali de le suivre, il sortit par la petite porte, gagna le bois de Boulogne comme s'il se promenait; prit sans affectation le chemin de Paris, et à la nuit tombante se trouva en face de sa maison des Champs-Élysées.

Tout était sombre : seule une faible lumière brûlait dans la loge du concierge, distante d'une quarantaine de pas de la maison, comme l'avait dit Baptistin.

Monte-Christo s'adossa à un arbre, et de cet œil qui se trompait si rarement, sonda la double allée, examina les passants et plongea son regard dans les rues voisines, afin de voir si quelqu'un n'était point embusqué. Au bout de dix minutes, il fut parfaitement convaincu que personne ne le guettait.

Il courut aussitôt à la petite porte avec Ali, entra précipitamment, et, par l'escalier de service, dont il avait la clef, rentra dans sa chambre à coucher, sans ouvrir ou déranger un seul rideau, sans que le concierge lui-même pût se douter que la maison qu'il croyait vide avait retrouvé son principal habitant.

Arrivé dans la chambre à coucher, le comte fit signe à Ali de s'arrêter, puis il passa dans le cabinet, qu'il examina; tout y était dans l'état habituel : le précieux secrétaire à sa place, et la clef au secrétaire; il le ferma à double tour, prit la clef, revint à la porte de la chambre à coucher, enleva la double gâche du verrou, et rentra.

Pendant ce temps, Ali apportait sur une table les armes que le comte lui avait demandées, c'est-à-dire une carabine courte et une paire de pistolets doubles, dont les canons superposés permettaient de viser aussi sûrement qu'avec des pistolets de tir. Armé ainsi, le comte tenait la vie de cinq hommes entre ses mains.

Il était neuf heures et demi à peu près; le comte et Ali mangèrent à la hâte un morceau de pain et burent un verre de vin d'Espagne; puis Monte-Christo fit glisser un de ces panneaux mobiles qui lui permettaient de voir d'une pièce dans l'autre. Il avait à sa portée ses pistolets et sa carabine, et Ali, debout près de lui, tenait à la main une de ces petites haches arabes qui n'ont pas changé de forme depuis les croisades.

Par une des fenêtres de la chambre à coucher parallèle à celle du cabinet, le comte pouvait voir dans la rue.

Deux heures se passèrent ainsi ; il faisait l'obscurité la plus profonde, et cependant Ali, grâce à sa nature sauvage, et cependant le comte, grâce sans doute à une qualité acquise, distinguaient dans cette nuit jusqu'aux plus faibles oscillations des arbres de la cour.

Depuis longtemps la petite lumière de la loge du concierge s'était éteinte.

Il était à présumer que l'attaque, si réellement il y avait une attaque projetée, aurait lieu par l'escalier du rez-de-chaussée et non par une fenêtre. Dans les idées de Monte-Christo, les malfaiteurs en voulaient à sa vie et non à son argent. C'était donc à sa chambre à coucher qu'ils s'attaqueraient, et ils parviendraient à sa chambre à coucher soit par l'escalier dérobé, soit par la fenêtre du cabinet.

Il plaça Ali devant la porte de l'escalier, et continua de surveiller le cabinet.

Onze heures trois quarts sonnèrent à l'horloge des Invalides; le vent d'ouest apportait sur ses humides bouffées la lugubre vibration des trois coups.

Comme le dernier coup s'éteignait, le comte crut entendre un léger bruit du côté du cabinet; ce premier bruit, ou plutôt ce premier grincement, fut suivi d'un second, puis d'un troisième; au quatrième, le comte savait à quoi s'en tenir. Une main ferme et exercée était occupée à couper les quatre côtés d'une vitre avec un diamant.

Le comte sentit battre plus rapidement son cœur. Si endurcis au danger que soient les hommes, si bien prévenus qu'ils soient du péril, ils comprennent toujours, au frémissement de leur cœur et au frissonnement de leur chair, la différence énorme qui existe entre le rêve et la réalité, entre le projet et l'exécution.

Cependant Monte-Christo ne fit qu'un

signe pour prévenir Ali; celui-ci, comprenant que le danger était du côté du cabinet, fit un pas pour se rapprocher de son maître.

Monte-Christo était avide de savoir à quels ennemis et à combien d'ennemis il avait affaire.

La fenêtre où l'on travaillait était en face de l'ouverture par laquelle le comte plongeait son regard dans le cabinet. Ses yeux se fixèrent donc vers cette fenêtre : il vit une ombre se dessiner plus épaisse sur l'obscurité; puis un des carreaux devint tout-à-fait opaque, comme si l'on y collait du dehors une feuille de papier, puis le carreau craqua sans tomber. Par l'ouverture pratiquée, un bras passa qui chercha l'espagnolette; une seconde après, la fenêtre tourna sur ses gonds, et un homme entra.

L'homme était seul.

— Voilà un hardi coquin, murmura le comte.

En ce moment il sentit qu'Ali lui touchait doucement l'épaule; il se retourna: Ali lui montrait la fenêtre de la chambre où ils étaient, et qui donnait sur la rue.

Monte-Christo fit trois pas vers cette fenêtre; il connaissait l'exquise délicatesse des sens du fidèle serviteur. En effet, il vit un autre homme qui se détachait d'une porte, et, montant sur une borne, semblait chercher à voir ce qui se passait chez le comte.

— Bon! dit-il, ils sont deux; l'un agit, l'autre guette.

Il fit signe à Ali de ne pas perdre des yeux l'homme de la rue, et revint à celui du cabinet.

Le coupeur de vitres était entré et s'orientait, les bras tendus en avant.

Enfin il parut s'être rendu compte de toutes choses; il y avait deux portes dans le cabinet, il alla pousser les verroux de toutes deux.

Lorsqu'il s'approcha de celle de la chambre à coucher, Monte-Christo crut qu'il venait pour entrer, et prépara un de ses pistolets; mais il entendit simplement le bruit des verroux glissant dans leurs anneaux de cuivre. C'était une précaution, voilà tout ; le nocturne visiteur, ignorant le soin qu'avait pris le comte d'enlever les gâches, pouvait désormais se croire chez lui et agir en toute tranquillité.

Seul et libre de tous ses mouvements, l'homme alors tira de sa large poche quelque chose, que le comte put distinguer, posa ce quelque chose sur un guéridon, puis il alla droit au secrétaire, le palpa à l'endroit de la serrure, et s'aperçut que, contre son attente, la clef manquait.

Mais le casseur de vitres était un homme de précaution et qui avait tout prévu ; le comte entendit bientôt ce froissement du fer contre le fer que produit, quand on le remue, ce trousseau de clefs informes qu'apportent les serruriers quand on les envoie chercher pour ouvrir une porte, et auxquels les voleurs ont donné le nom de rossignols, sans doute à cause du plaisir qu'ils éprouvent à entendre leur chant nocturne, lorsqu'ils grincent contre le pêne de la serrure.

— Ah! ah! murmura Monte-Christo avec un sourire de désappointement, ce n'est qu'un voleur.

Mais l'homme, dans l'obscurité, ne pouvait choisir l'instrument convenable. Il eut alors recours à l'objet qu'il avait déposé sur le guéridon; il fit jouer un ressort, et aussitôt une lumière pâle, mais assez vive cependant pour qu'on pût voir, envoya son reflet doré sur les mains et sur le visage de cet homme.

—Tiens ! fit tout-à-coup Monte-Christo en se reculant avec un mouvement de surprise, c'est...

Ali leva sa hache.

— Ne bouge pas, lui dit Monte-Christo tout bas, et laisse là ta hache; nous n'avons plus besoin d'armes ici.

Puis il ajouta quelques mots en baissant encore la voix, car l'exclamation, si faible qu'elle fût, que la surprise avait arrachée au comte, avait suffi pour faire tressaillir l'homme, qui était resté dans la pose du rémouleur antique.

C'était un ordre que venait de donner le comte, car aussitôt Ali s'éloigna sur la pointe du pied, détacha de la muraille de l'alcôve un vêtement noir et un chapeau triangulaire. Pendant ce temps, Monte-Christo ôtait rapidement sa redingotte, son gilet et sa chemise, et l'on pouvait, grâce au rayon de lumière filtrant par la fente du panneau, reconnaître sur la poitrine du comte une de ces souples et fines tuniques de mailles d'acier, dont la dernière, dans cette France où l'on ne craint plus les poignards, fut peut-être portée par le roi Louis XVI, qui craignait le couteau pour sa poitrine, et qui fut frappé d'une hache à la tête.

Cette tunique disparut bientôt sous une longue soutane, comme les cheveux du comte sous une perruque à tonsure;

le chapeau triangulaire, placé sur la perruque, acheva de changer le comte en abbé.

Cependant l'homme, n'entendant plus rien, s'était relevé, et pendant le temps que Monte-Christo opérait sa métamorphose, était allé droit au secrétaire, dont la serrure commençait à craquer sous son *rossignol*.

— Bon ! murmura le comte, lequel se reposait sans doute sur quelque secret de serrurerie qui devait être inconnu au crocheteur de portes, si habile qu'il fût : bon ! tu en as pour quelques minutes. Et il alla à la fenêtre.

L'homme qu'il avait vu monté sur

une borne en était descendu, et se promenait toujours dans la rue ; mais, chose singulière, au lieu de s'inquiéter de ceux qui pouvaient venir, soit par l'avenue des Champs-Élysées, soit par le faubourg Saint-Honoré, il ne paraissait préoccupé que de ce qui se passait chez le comte, et tous ses mouvements avaient pour but de voir ce qui se passait dans le cabinet.

Monte-Christo, tout-à-coup, se frappa le front et laissa errer sur ses lèvres entr'ouvertes un rire silencieux.

Puis, se rapprochant d'Ali :

—Demeure ici, lui dit-il tout bas, caché dans l'obscurité, et quel que soit le bruit que tu entendes, quelque chose qui se passe, n'entre et ne te montre que si je t'appelle par ton nom.

Ali fit signe de la tête qu'il avait compris et qu'il obéirait.

Alors Monte-Christo tira d'une armoire une bougie tout allumée, et au moment où le voleur était le plus occupé à sa serrure, il ouvrit doucement la porte, ayant soin que la lumière qu'il tenait à la main donnât toute entière sur son visage.

La porte tourna si doucement que le voleur n'entendit pas le bruit. Mais, à son grand étonnement, il vit tout-à-coup la chambre s'éclairer.

Il se retourna.

— Eh! bonsoir, cher monsieur Caderousse! dit Monte-Christo; que diable venez-vous donc faire ici à une pareille heure ?

— L'abbé Busoni! s'écria Caderousse.

Et ne sachant comment cette étrange apparition était venue jusqu'à lui, puisqu'il avait fermé les portes, il laissa tomber son trousseau de fausses clefs, et resta immobile et comme frappé de stupeur.

Le comte alla se placer entre Caderousse et la fenêtre, coupant ainsi au voleur terrifié son seul moyen de retraite.

— L'abbé Busoni! répéta Caderousse en fixant sur le comte des jeux hagards.

— Eh bien! sans doute, l'abbé Busoni! reprit Monte-Christo, lui-même, en personne, et je suis bien aise que vous me reconnaissiez, mon cher monsieur Caderousse; cela prouve que nous avons bonne mémoire, car si je ne me trompe, voilà tantôt dix ans que nous ne nous sommes vus.

Ce calme, cette ironie, cette puissance, frappèrent l'esprit de Caderousse d'une terreur vertigineuse.

— L'abbé! l'abbé! murmura-t-il en crispant ses poings et en faisant claquer ses dents.

— Nous voulons donc voler le comte de Monte-Christo ? continua le prétendu abbé.

— Monsieur l'abbé, murmura Caderousse cherchant à gagner sa fenêtre que lui interceptait impitoyablement le comte, monsieur l'abbé, je ne sais... je vous prie de croire... je vous jure...

— Un carreau coupé, continua le comte, une lanterne sourde, un trousseau de rossignols, un secrétaire à demi forcé, c'est clair cependant.

Caderousse s'étranglait avec sa cravate, il cherchait un angle où se cacher, un trou par où disparaître.

— Allons, dit le comte, je vois que vous êtes toujours le même, monsieur l'assassin.

— Monsieur l'abbé, puisque vous savez tout, vous savez que ce n'est pas moi, que c'est la Carconte; ç'a été reconnu au procès, puisqu'ils ne m'ont condamné qu'aux galères.

— Vous avez donc fini votre temps, que je vous trouve en train de vous y faire ramener?

— Non, monsieur l'abbé, j'ai été délivré par quelqu'un.

— Ce quelqu'un-là a rendu un charmant service à la société.

— Ah ! dit Caderousse, j'avais cependant bien promis...

— Ainsi vous êtes en rupture de ban ? interrompit Monte-Christo.

— Hélas ! oui, fit Caderousse très-inquiet.

— Mauvaise récidive... Cela vous conduira, si je ne me trompe, à la place de Grève. Tant pis, tant pis, diavolo ! comme disent les mondains de mon pays.

— Monsieur l'abbé, je cède à un entraînement...

— Tous les criminels disent cela.

— Le besoin…

— Laissez donc, dit dédaigneusement Busoni, le besoin peut conduire à demander l'aumône, à voler un pain à la porte d'un boulanger, mais non à venir forcer un secrétaire dans une maison que l'on croit inhabitée. Et lorsque le bijoutier Joannès venait de vous compter quarante-cinq mille francs en échange du diamant que je vous avais donné, et que vous l'avez tué pour avoir le diamant et l'argent, était-ce aussi le besoin ?

— Pardon, monsieur l'abbé, dit Caderousse ; vous m'avez déjà sauvé une fois, sauvez-moi encore une seconde.

— Cela ne m'encourage pas.

— Êtes-vous seul, monsieur l'abbé, demanda Caderousse en joignant les mains, ou bien avez-vous là des gendarmes tout prêts à me prendre?

— Je suis tout seul, dit l'abbé, et j'aurai encore pitié de vous, et je vous laisserai aller, au risque des nouveaux malheurs que peut amener ma faiblesse, si vous me dites toute la vérité.

— Ah! monsieur l'abbé, s'écria Caderousse en joignant les mains et en se rapprochant d'un pas de Monte-Christo, je puis bien dire que vous êtes mon sauveur, vous.

— Vous prétendez qu'on vous a délivré du bagne?

— Oh! çà, foi de Caderousse, monsieur l'abbé!

— Qui cela?

— Un Anglais.

— Comment s'appelait-il?

— Lord Wilmore.

— Je le connais; je saurai donc si vous mentez.

— Monsieur l'abbé, je dis la vérité pure.

— Cet Anglais vous protégeait donc?

— Non pas moi, mais un jeune Corse qui était mon compagnon de chaine.

— Comment se nommait ce jeune Corse?

— Benedetto.

— C'est un nom de baptême?

— Il n'en avait pas d'autre, c'était un enfant trouvé.

— Alors ce jeune homme s'est évadé avec vous?

— Oui.

Comment cela?

— Nous travaillions à Saint-Mandrier, près Toulon. Connaissez-vous Saint-Mandrier?

— Je le connais.

— Eh bien! pendant qu'on dormait, de midi à une heure....

— Des forçats qui font la sieste! plaignez donc ces gaillards-là! dit l'abbé.

— Dame! fit Caderousse, on ne peut pas toujours travailler, on n'est pas des chiens.

— Heureusement pour les chiens, dit Monte-Christo.

— Pendant que les autres faisaient donc la sieste, nous nous sommes éloignés un petit peu, nous avons scié nos fers avec une lime que nous avait fait parvenir l'Anglais, et nous nous sommes sauvés à la nage.

— Et qu'est devenu ce Benedetto ?

— Je n'en sais rien !

— Vous devez le savoir cependant.

— Non, en vérité. Nous nous sommes séparés à Hyères.

Et pour donner plus de poids à sa protestation, Caderousse fit encore un pas vers l'abbé, qui demeura immobile à sa place, toujours calme et interrogateur.

— Vous mentez! dit l'abbé Busoni avec un accent d'irrésistible autorité.

— Monsieur l'abbé!...

— Vous mentez! Cet homme est encore votre ami, et vous vous servez de lui comme un complice peut-être?

— Oh! monsieur l'abbé!...

— Depuis que vous avez quitté Toulon, comment avez-vous vécu? Répondez.

— Comme j'ai pu.

— Vous mentez! reprit une troisième fois l'abbé avec un accent plus impératif encore.

Caderousse terrifié regarda le comte.

— Vous avez vécu, reprit celui-ci, de l'argent qu'il vous a donné.

— Eh bien! c'est vrai, dit Caderousse, Benedetto est devenu un fils de grand seigneur.

— Comment peut-il être fils d'un grand seigneur?

— Fils naturel.

— Et comment nommez-vous ce grand seigneur ?

— Le comte de Monte-Christo, celui-là même chez qui nous sommes.

— Benedetto le fils du comte ? reprit Monte-Christo étonné à son tour.

— Dame ! il faut bien croire, puisque le comte lui a trouvé un faux père, puisque le comte lui fait quatre mille francs par mois, puisque le comte lui laisse cinq cent mille francs par son testament.

— Ah ! ah ! fit le faux abbé qui commençait à comprendre, et quel nom porte en attendant ce jeune homme ?

— Il s'appelle Andrea Cavalcanti.

— Alors c'est ce jeune homme que mon ami le comte de Monte-Christo reçoit chez lui, et qui va épouser mademoiselle Danglars ?

— Justement.

— Et vous souffrez cela, misérable ! vous qui connaissez sa vie et sa flétrissure ?

— Pourquoi voulez-vous que j'empêche un camarade de réussir ? dit Caderousse.

— C'est juste, ce n'est pas à vous de prévenir M. Danglars, c'est à moi.

— Ne faites pas cela, monsieur l'abbé!...

— Et pourquoi ?

— Parce que c'est notre pain que vous nous feriez perdre !

— Et vous croyez que, pour conserver le pain à des misérables comme vous, je me ferai le fauteur de leur ruse, le complice de leurs crimes?

— Monsieur l'abbé... dit Caderousse en se rapprochant encore.

— Je dirai tout.

— A qui ?

— A M. Danglars.

— Tron de l'air ! s'écria Caderousse en tirant un couteau tout ouvert de son gilet, et en frappant le comte au milieu de la poitrine, tu ne diras rien, l'abbé !

Au grand étonnement de Caderousse, le poignard, au lieu de pénétrer dans la poitrine du comte, rebroussa émoussé.

En même temps le comte saisit de la main gauche le poignet de l'assassin, et le tordit avec une telle force, que le couteau tomba de ses doigts roidis, et que Caderousse poussa un cri de douleur.

Mais le comte, sans s'arrêter à ce cri, continua de tordre le poignet du bandit jusqu'à ce que, le bras disloqué, il tombât d'abord à genoux, puis ensuite la face contre terre.

Le comte appuya son pied sur sa tête, et dit :

— Je ne sais qui me retient de te briser le crâne, scélérat !

— Ah! grâce! grâce! cria Caderousse.

Le comte retira son pied.

— Relève-toi! dit-il.

Caderousse se releva.

— Tudieu! quel poignet vous avez,

monsieur l'abbé! dit Caderousse, caressant son bras tout meurtri par les tenailles de chair qui l'avaient étreint; tudieu! quel poignet!

— Silence. Dieu me donne la force de dompter une bête féroce comme toi; c'est au nom de ce Dieu que j'agis; souviens-toi de cela, misérable, et t'épargner en ce moment c'est encore servir les desseins de Dieu.

— Ouf! fit Caderousse tout endolori.

— Prends cette plume et ce papier, et écris ce que je vais te dicter.

— Je ne sais pas écrire, monsieur l'abbé.

— Tu mens; prends cette plume et écris !

Caderousse, subjugué par cette puissance supérieure, s'assit et écrivit.

« Monsieur, l'homme que vous recevez chez vous et à qui vous destinez votre fille est un ancien forçat, échappé avec moi du bagne de Toulon; il portait le n° 59, et moi le n° 58.

« Il se nommait Benedetto; mais il ignore lui-même son véritable nom, n'ayant jamais connu ses parents. »

— Signe ! continua le comte.

— Mais vous voulez donc me perdre?

— Si je voulais te perdre, imbécille, je te traînerais jusqu'au premier corps-de-garde ; d'ailleurs, à l'heure où le billet sera rendu à son adresse, il est probable que tu n'auras plus rien à craindre ; signe donc.

Caderousse signa.

— L'adresse : *A Monsieur le baron Danglars, banquier, rue de la Chaussée-d'Antin.*

Caderousse écrivit l'adresse.

L'abbé prit le billet.

— Maintenant, dit-il, c'est bien, va-t-en.

— Par où?

— Par où tu es venu.

— Vous voulez que je sorte par cette fenêtre?

— Tu y es bien entré.

— Vous méditez quelque chose contre moi, monsieur l'abbé?

— Imbécille, que veux-tu que je médite?

— Pourquoi ne pas m'ouvrir les porte,

— A quoi bon réveiller le concierge?

— Monsieur l'abbé, dites-moi que vous ne voulez pas ma mort.

— Je veux ce que Dieu veut.

— Mais jurez-moi que vous ne me frapperez pas tandis que je descendrai.

— Sot et lâche que tu es!

— Que voulez-vous faire de moi?

— Je te le demande? J'ai essayé d'en faire un homme heureux, et je n'en ai fait qu'un assassin!

— Monsieur l'abbé, dit Caderousse, tentez une dernière épreuve.

— Soit! dit le comte. Écoute, tu sais si je suis homme de parole?

— Oui, dit Caderousse.

— Si tu rentres chez toi sain et sauf...

— A moins que ce ne soit de vous, qu'ai-je à craindre?

— Si tu rentres chez toi sain et sauf, quitte Paris, quitte la France, et partout où tu seras, tant que tu te conduiras honnêtement, je te ferai passer une petite pension; car si tu rentres chez toi sain et sauf, eh bien...

— Eh bien? demanda Caderousse tout frémissant.

— Eh bien! je croirai que Dieu t'a pardonné, et je te pardonnerai aussi.

— Vrai comme je suis chrétien, balbutia Caderousse en reculant, vous me faites mourir de peur!

— Allons, va-t-en! dit le comte en montrant du doigt la fenêtre à Caderousse.

Caderousse, encore mal rassuré par cette promesse, enjamba la fenêtre et mit le pied sur l'échelle.

Là, il s'arrêta tremblant.

— Maintenant, descends, dit l'abbé en se croisant les bras.

Caderousse commença de comprendre qu'il n'avait rien à craindre de ce côté, et descendit.

Alors le comte s'approcha avec la bougie, de sorte qu'on put distinguer des Champs-Elysées cet homme qui descendait d'une fenêtre éclairé par un autre homme.

— Que faites-vous donc, monsieur l'abbé? dit Caderousse; s'il passait une patrouille...

Et il souffla la bougie.

Puis il continua de descendre; mais ce ne fut que lorsqu'il sentit le sol du jardin sous son pied qu'il fut suffisamment rassuré.

Monte-Christo rentra dans sa chambre à coucher, et jetant un coup d'œil rapide du jardin à la rue, il vit d'abord Caderousse qui, après être descendu, faisait un détour dans le jardin et allait planter son échelle à l'extrémité de la muraille, afin de sortir à une autre place que celle par laquelle il était entré.

Puis, passant du jardin à la rue, il vit l'homme qui semblait attendre, courir parallèlement dans la rue et se placer derrière l'angle même près duquel Caderousse allait descendre.

Caderousse monta lentement sur l'échelle, et, arrivé aux derniers échelons, passa sa tête par-dessus le chaperon pour s'assurer que la rue était bien solitaire.

On ne voyait personne, on n'entendait aucun bruit.

Une heure sonna aux Invalides.

Alors Caderousse se mit à cheval sur le chaperon, et tirant à lui son échelle, la passa par-dessus le mur, puis il se mit en devoir de descendre, ou plutôt de se laisser glisser le long des deux montants, manœuvre qu'il opéra avec une adresse qui prouvait l'habitude qu'il avait de cet exercice.

Mais, une fois lancé sur cette pente, il ne put s'arrêter. Vainement il vit un homme s'élancer dans l'ombre au moment où il était à moitié chemin ; vainement il vit un bras se lever au moment où il touchait la terre; avant qu'il n'eût pu se mettre en défense, ce bras le frappa si furieusement dans le dos, qu'il lâcha l'échelle en criant :

— Au secours!

Un second coup lui arriva presque aussitôt dans le flanc, et il tomba en criant :

— Au meurtre !

Enfin, comme il se roulait sur la terre,

son adversaire le saisit aux cheveux et lui porta un troisième coup dans la poitrine.

Cette fois Caderousse voulut crier encore, mais il ne put pousser qu'un gémissement et laissa couler en frémissant les trois ruisseaux de sang qui sortaient de ses trois blessures.

L'assassin, voyant qu'il ne criait plus, lui souleva la tête par les cheveux; Caderousse avait les yeux fermés et la bouche tordue. L'assassin le crut mort, laissa retomber la tête et disparut.

Alors Caderousse, le sentant s'éloigner, se redressa sur son coude, et d'une voix mourante cria dans un suprême effort :

— A l'assassin! je meurs! à moi monsieur l'abbé, à moi!

Ce lugubre appel perça l'ombre de la nuit. La porte de l'escalier dérobé s'ouvrit, puis la petite porte du jardin, et Ali et son maître accoururent avec des lumières.

CHAPITRE III.

LA MAIN DE DIEU.

Caderousse continuait de crier d'une voix lamentable.

— M. l'abbé, au secours! au secours!

— Qu'y a-t-il? demanda Monte-Christo.

— A mon secours ! répéta Caderousse ; on m'a assassiné !

— Nous voici ! du courage.

— Ah ! c'est fini. Vous arrivez trop tard ; vous arrivez pour me voir mourir. Quels coups ! que de sang !

Et il s'évanouit.

Ali et son maître prirent le blessé et le transportèrent dans une chambre. Là Monte-Christo fit signe à Ali de le déshabiller, et il reconnut les trois terribles blessures dont il était atteint.

— Mon Dieu, dit-il, votre vengeance se fait parfois attendre ; mais je crois alors qu'elle ne descend du ciel que plus complète.

Ali regarda son maître comme pour lui demander ce qu'il y avait à faire.

— Va chercher M. le procureur du roi Villefort, qui demeure faubourg Saint-Honoré, et amène-le ici. En passant, tu réveilleras le concierge, et tu lui diras d'aller chercher un médecin.

Ali obéit, et laissa le faux abbé seul avec Caderousse toujours évanoui.

Lorsque le malheureux rouvrit les yeux, le comte, assis à quelques pas de lui, le regardait avec une sombre expression de pitié, et ses lèvres qui s'agitaient semblaient murmurer une prière.

— Un chirurgien, monsieur l'abbé, un chirurgien ! dit Caderousse.

— On en est allé chercher un, répondit l'abbé.

— Je sais bien que c'est inutile, quant à la vie, mais il pourra me donner des forces peut-être, et je veux avoir le temps de faire ma déclaration.

— Sur quoi ?

— Sur mon assassin.

— Vous le connaissez donc ?

— Si je le connais! oui, je le connais, c'est Benedetto.

— Ce jeune Corse?

— Lui-même.

— Votre compagnon?

— Oui. Après m'avoir donné le plan de la maison du comte, espérant sans doute que je le tuerais, et qu'il deviendrait ainsi son héritier, ou qu'il me tuerait, et qu'il serait ainsi débarrassé de moi, il m'a attendu dans la rue et m'a assassiné.

— En même temps que j'ai envoyé chercher le médecin, j'ai envoyé chercher le procureur du Roi.

— Il arrivera trop tard, il arrivera trop tard, dit Caderousse, je sens tout mon sang qui s'en va.

— Attendez, dit Monte-Christo.

Il sortit, et rentra cinq minutes après avec un flacon.

Les yeux du moribond, effrayants de fixité, n'avaient point en son absence quitté cette porte par laquelle il devinait instinctivement qu'un secours allait lui venir.

— Dépêchez-vous, monsieur l'abbé, dépêchez-vous! dit-il, je sens que je m'évanouis encore.

Monte-Christo s'approcha, et versa sur les lèvres violettes du blessé trois ou quatre gouttes de la liqueur que contenait le flacon.

Caderousse poussa un soupir.

— Oh! dit-il, c'est la vie que vous me versez là ; encore... encore...

— Deux gouttes de plus vous tueraient, répondit l'abbé.

— Oh ! qu'il vienne donc quelqu'un à qui je puisse dénoncer le misérable.

— Voulez-vous que j'écrive votre déposition ? vous la signerez.

— Oui,... oui,... dit Caderousse, dont les yeux brillaient à l'espoir de cette vengeance posthume.

Monte-Christo écrivit :

« Je meurs assassiné par le Corse Benedetto, mon compagnon de chaîne à Toulon, sous le n° 59. »

— Dépêchez-vous! dépêchez-vous! dit Caderousse, je ne pourrais plus signer.

Monte-Christo présenta la plume à Caderousse, qui rassembla ses forces, signa et retomba sur son lit en disant :

— Vous raconterez le reste, monsieur l'abbé; vous direz qu'il se fait appeler Andrea Cavalcanti, qu'il loge à l'hôtel des Princes, que... Ah! ah! mon Dieu, mon Dieu, voilà que je meurs!

Et Caderousse s'évanouit pour la seconde fois.

L'abbé lui fit respirer l'odeur du flacon; le blessé rouvrit les yeux.

Son désir de vengeance ne l'avait pas abandonné pendant son évanouissement.

— Ah! vous direz tout cela, n'est-ce pas, monsieur l'abbé?

— Tout cela, oui, et bien d'autres choses encore.

— Que direz-vous?

— Je dirai qu'il vous avait sans doute donné le plan de cette maison dans l'espérance que le comte vous tuerait. Je dirai qu'il avait prévenu le comte par un billet; je dirai que le comte étant absent, c'est moi qui ai reçu ce billet et qui ai veillé pour vous attendre.

— Et il sera guillotiné, n'est-ce pas? dit Caderousse; il sera guillotiné, vous me le promettez? Je meurs avec cet espoir-là, cela va m'aider à mourir.

— Je dirai, continua le comte, qu'il est arrivé derrière vous, qu'il vous a guetté tout le temps, que lorsqu'il vous a vu sortir, il a couru à l'angle du mur et s'est caché.

— Vous avez donc vu tout cela, vous?

— Rappelez-vous mes paroles : « Si tu rentres chez toi sain et sauf, je croirai que Dieu t'a pardonné, et je te pardonnerai aussi. »

— Et vous ne m'avez pas averti? s'écria Caderousse en essayant de se soulever sur son coude; vous saviez que j'allais être tué en sortant d'ici, et vous ne m'avez pas averti?

— Non, car dans la main de Benedetto je voyais la justice de Dieu, et j'aurais cru commettre un sacrilège en m'opposant aux intentions de la Providence.

— La justice de Dieu! ne m'en parlez pas, monsieur l'abbé; s'il y avait une justice de Dieu, vous savez mieux que personne qu'il y a des gens qui seraient punis et qui ne le sont pas.

— Patience! dit l'abbé d'un ton qui fit frémir le moribond, patience!

Caderousse le regarda avec étonnement.

— Et puis, dit l'abbé, Dieu est plein de miséricorde pour tous, comme il a été pour toi : il est père avant d'être juge.

— Ah! vous croyez donc à Dieu, vous? dit Caderousse.

— Si j'avais le malheur de n'y avoir pas cru jusqu'à présent, dit Monte-Christo, j'y croirais en te voyant.

Caderousse leva ses poings crispés au ciel.

— Écoute, dit l'abbé en étendant la main sur le blessé comme pour lui commander la foi, voilà ce qu'il a fait pour toi, ce Dieu que tu refuses de reconnaître à ton dernier moment : il t'avait donné la santé, la force, un travail assuré, des amis même, la vie enfin telle qu'elle doit se présenter à l'homme pour être douce avec le calme de la conscience et la satisfaction des désirs naturels ; au lieu d'exploiter ces dons du Seigneur, si rarement accordés par lui dans leur plénitude, voilà ce que tu as fait, toi : tu t'es adonné à la fainéantise, à l'ivresse, et dans l'ivresse tu as trahi un de tes meilleurs amis.

— Au secours! s'écria Caderousse, je n'ai pas besoin d'un prêtre, mais d'un médecin; peut-être que je ne suis pas blessé à mort, peut-être que je ne vais pas encore mourir, peut-être qu'on peut me sauver!

— Tu es si bien blessé à mort que sans les trois gouttes de liqueur que je t'ai données tout-à-l'heure, tu serais déjà expiré. Écoute donc!

— Ah! murmura Caderousse, quel étrange prêtre vous faites, qui désespérez les mourants au lieu de les consoler.

— Écoute, continua l'abbé : quand tu as eu trahi ton ami, Dieu a commencé, non pas de te frapper, mais de t'avertir ; tu es tombé dans la misère et tu as eu faim ; tu avais passé à envier la moitié d'une vie que tu pouvais passer à acquérir, et déjà tu songeais au crime en te donnant à toi-même l'excuse de la nécessité, quand Dieu fit pour toi un miracle ; quand Dieu, par mes mains, t'envoya au sein de ta misère une fortune, brillante pour toi, malheureux, qui n'avais jamais rien possédé. Mais cette fortune inattendue, inespérée, inouïe, ne te suffit plus du moment où tu la possèdes ; tu veux la doubler : par quel moyen ? par un meurtre. Tu la doubles, et alors Dieu te l'arrache, en te conduisant devant la justice humaine.

— Ce n'est pas moi, dit Caderousse,

qui ai voulu tuer le juif, c'est la Carconte.

— Oui, dit Monte-Christo. Aussi Dieu toujours, je ne dirai pas juste cette fois, car sa justice t'eût donné la mort, mais Dieu, toujours miséricordieux, permit que tes juges fussent touchés à tes paroles et te laissassent la vie.

— Pardieu, pour m'envoyer au bagne à perpétuité; la belle grâce!

— Cette grâce, misérable! tu la regardas cependant comme une grâce quand elle te fut faite; ton lâche cœur, qui tremblait devant la mort, bondit de joie à l'annonce d'une honte perpétuelle, car tu t'es dit comme tous les forçats : Il y a une porte au bagne, il n'y en a pas à la tombe. Et tu avais raison, car cette porte du bagne s'est ouverte pour toi d'une manière inespérée : un Anglais visite Toulon, il avait fait le vœu de tirer deux hommes de l'infamie, son choix tombe sur toi et sur ton compagnon ; une seconde fortune descend pour toi du ciel, tu retrouves à la fois l'argent et la tranquillité, tu peux recommencer à vivre de la vie de tous les hommes, toi qui avais été condamné à vivre de celle des forçats; alors, misérable, alors tu te mets à tenter Dieu une troisième fois. Je n'ai pas assez, dis-tu, quand tu avais plus que tu n'avais possédé jamais, et tu commets un troisième crime, sans raison, sans excuse. Dieu s'est fatigué, Dieu t'a puni.

Caderousse s'affaiblissait à vue d'œil.

— A boire! dit-il; j'ai soif... je brûle!

Monte-Christo lui donna un verre d'eau.

— Scélérat de Benedetto, dit Caderousse en rendant le verre ; il échappera cependant, lui!

— Personne n'échappera, c'est moi qui te le dis, Caderousse... Benedetto sera puni!

— Alors vous serez puni, vous aussi, dit Caderousse; car vous n'avez pas fait votre devoir de prêtre,... vous deviez empêcher Benedetto de me tuer.

— Moi! dit le comte avec un sourire qui glaça d'effroi le mourant, moi empêcher Benedetto de te tuer, au moment où tu venais de briser ton couteau contre la cotte de mailles qui me couvrait la poitrine!... Oui, peut-être, si je t'eusse trouvé humble et repentant, j'eusse empêché Benedetto de te tuer ; mais je t'ai trouvé orgueilleux et sanguinaire, et j'ai laissé s'accomplir la volonté de Dieu!

— Je ne crois pas à Dieu! hurla Caderousse, tu n'y crois pas non plus,... tu mens,... tu ments!...

— Tais-toi, dit l'abbé, car tu fais jaillir hors de ton corps les dernières gouttes de ton sang.... Ah! tu ne crois pas en Dieu, et tu meurs frappé par Dieu!... Ah! tu ne crois pas en Dieu, et Dieu qui cependant ne demande qu'une prière, qu'un mot, qu'une larme pour pardonner... Dieu qui pouvait diriger le poignard de l'assassin de manière à ce que tu expirasses sur le coup... Dieu t'a donné un quart d'heure pour te repentir... Rentre donc en toi-même, malheureux, et repents-toi!

— Non, dit Caderousse, non, je ne me repents pas; il n'y a pas de Dieu, il n'y a pas de Providence, il n'y a que du hasard.

— Il y a une Providence, il y a un Dieu, dit Monte-Christo, et la preuve, c'est que tu es là gisant, désespéré, reniant Dieu, et que moi, je suis debout devant toi, riche, heureux, sain et sauf, et joignant les mains devant ce Dieu auquel tu essaies de ne pas croire, et auquel cependant tu crois au fond du cœur.

— Mais qui donc êtes-vous, alors? demanda Caderousse en fixant ses yeux mourants sur le comte.

— Regarde-moi bien ! dit Monte-Christo en prenant la bougie et en l'approchant de son visage.

— Eh bien ! l'abbé,... l'abbé Busoni...

Monte-Christo enleva la perruque qui le défigurait, et laissa retomber les beaux cheveux noirs qui encadraient si harmonieusement son pâle visage.

— Oh! dit Caderousse épouvanté, si

ce n'étaient ces cheveux noirs, je dirais que vous êtes l'Anglais, je dirais que vous êtes lord Wilmore.

— Je ne suis ni l'abbé Busoni ni lord Wilmore, dit Monte-Christo; regarde mieux, regarde plus loin, regarde dans tes premiers souvenirs.

Il y avait dans ces paroles du comte une vibration magnétique dont les sens épuisés du misérable furent ravivés une dernière fois.

— Oh! en effet, dit-il, il me semble que je vous ai vu, que je vous ai connu autrefois.

— Oui, Caderousse, oui tu m'as vu ; oui, tu m'as connu.

— Mais qui donc êtes-vous alors ? et pourquoi, si vous m'avez vu, si vous m'avez connu, pourquoi me laissez-vous mourir ?

— Parce que rien ne peut te sauver, Caderousse ; parce que tes blessures sont mortelles. Si tu avais pu être sauvé, j'aurais vu là une dernière miséricorde du Seigneur, et j'eusse encore, je te le jure par la tombe de mon père, essayé de te rendre à la vie et au repentir.

— Par la tombe de ton père ! dit Caderousse, ranimé par une suprême étincelle et se soulevant pour voir de plus près l'homme qui venait de lui faire ce serment sacré à tous les hommes : Eh ! qui es-tu donc ?

Le comte n'avait cessé de suivre les progrès de l'agonie. Il comprit que cet élan de vie était le dernier, il s'approcha du moribond, et le couvrant d'un regard calme et triste à la fois :

— Je suis... lui dit-il à l'oreille, je suis...

Et ses lèvres, à peines ouvertes, donnèrent passage à un nom prononcé si bas, que le comte semblait craindre de l'entendre lui-même.

Caderousse, qui s'était soulevé sur ses genoux, étendit les bras, fit un effort pour se reculer, puis, joignant les mains et les levant avec un suprême effort :

— Oh! mon Dieu! mon Dieu! dit-il, pardon de vour avoir renié; vous existez bien, vous êtes bien le père des hommes au ciel et le juge des hommes sur la terre. Mon Dieu, Seigneur, je vous ai longtemps méconnu! mon Dieu, Seigneur, pardonnez-moi! mon Dieu, Seigneur, recevez-moi !

Et Caderousse, fermant les yeux, tomba renversé en arrière, avec un dernier cri et avec un dernier soupir.

Le sang s'arrêta aussitôt aux lèvres de ses larges blessures.

Il était mort.

— *Un* : dit mystérieusement le comte, les yeux fixés sur le cadavre déjà défiguré par cette terrible mort.

Dix minutes après, le médecin et le procureur du roi arrivèrent, amenés, l'un par le concierge, l'autre par Ali, et furent reçus par l'abbé Busoni, qui priait près du mort.

CHAPITRE IV.

BEAUCHAMP.

Pendant quinze jours il ne fut bruit dans Paris que de cette tentative de vol faite si audacieusement chez le comte : le mourant avait signé une déclaration qui indiquait Benedetto comme son assassin. La police fut invitée à lancer tous ses agents sur les traces du meurtrier.

Le couteau de Caderousse, la lanterne sourde, le trousseau de clefs et les habits, moins le gilet qui ne put se retrouver, furent déposés au greffe; le corps fut emporté à la Morgue.

A tout le monde le comte répondit que cette aventure s'était passée tandis qu'il était à sa maison d'Auteuil, et qu'il n'en savait par conséquent que ce que lui en avait dit l'abbé Busoni, qui ce soir-là, par le plus grand hasard, lui avait demandé à passer la nuit chez lui pour faire des recherches dans quelques livres précieux que contenait sa bibliothèque.

Bertuccio seul pâlissait toutes les fois que ce nom de Benedetto était prononcé en sa présence; mais il n'y avait aucun motif pour que quelqu'un s'aperçût de la pâleur de Bertuccio.

Villefort, appelé à constater le crime, avait réclamé l'affaire, et conduisait l'instruction avec cette ardeur passionnée qu'il mettait à toutes les causes criminelles où il était appelé à porter la parole.

Mais trois semaines s'étaient déjà passées sans que les recherches les plus actives eussent amené aucun résultat, et l'on commençait à oublier dans le monde la tentative de vol faite chez le comte et l'assassinat du voleur par son complice, pour s'occuper du prochain mariage de mademoiselle Danglars avec le comte Andrea Cavalcanti.

Ce mariage était à peu près déclaré, et le jeune homme était reçu chez le banquier à titre de fiancé.

On avait écrit à M. Cavalcanti père, qui avait fort approuvé le mariage, et qui, en exprimant tous ses regrets de ce que son service l'empêchait absolument de quitter Parme, où il était, déclarait consentir à donner le capital de cent cinquante mille livres de rentes.

Il était convenu que les trois millions seraient placés chez Danglars, qui les ferait valoir; quelques personnes avaient bien essayé de donner au jeune homme des doutes sur la solidité de la position de son futur beau-père, qui, depuis quelque temps, éprouvait à la Bourse de pertes réitérées ; mais le jeune homme, avec un désintéressement et une confiance sublimes, repoussa tous ces vains propos, dont il eut la délicatesse de ne pas dire une seule parole au baron.

Aussi le baron adorait-il le comte Andrea Cavalcanti.

Il n'en était pas de même de mademoiselle Eugénie Danglars. Dans sa haine instinctive contre le mariage, elle avait accueilli Andrea comme un moyen d'éloigner Morcerf ; mais maintenant qu'Andrea se rapprochait trop, elle commençait à éprouver pour Andrea une visible répulsion.

Peut-être le baron s'en était-il aperçu ; mais comme il ne pouvait attribuer cette répulsion qu'à un caprice, il avait fait semblant de ne pas s'en apercevoir.

Cependant le délai demandé par Beauchamp était presque écoulé. Au reste, Morcerf avait pu apprécier la valeur du conseil de Monte-Christo, quand celui-ci lui avait dit de laisser tomber les choses d'elles-mêmes ; personne n'avait relevé la note sur le général, et nul ne s'était avisé de reconnaître dans l'officier qui avait livré le château de Janina le noble comte siégeant à la Chambre des Pairs.

Albert ne s'en trouvait pas moins insulté, car l'intention de l'offense était bien certainement dans les quelques lignes qui l'avaient blessé. En outre, la façon dont Beauchamp avait terminé la conférence avait laissé un amer souvenir dans son cœur. Il caressait donc dans son esprit l'idée de ce duel, dont il espérait, si Beauchamp voulait bien s'y prêter, dérober la cause réelle, même à ses témoins.

Quant à Beauchamp, on ne l'avait pas revu depuis le jour de la visite qu'Albert lui avait faite, et à tous ceux qui le demandaient, on répondait qu'il était absent pour un voyage de quelques jours.

Où était-il? personne n'en savait rien.

Un matin, Albert fut réveillé par son valet de chambre, qui lui annonça Beauchamp.

Albert se frotta les yeux, ordonna que l'on fît attendre Beauchamp dans le petit salon fumoir du rez-de-chaussée, s'habilla vivement, et descendit.

Il trouva Beauchamp se promenant de long en large ; en l'apercevant, Beauchamp s'arrêta.

— La démarche que vous tentez en vous présentant chez moi de vous même, et sans attendre la visite que je comptais vous faire aujourd'hui, me semble d'un bon augure, Monsieur, dit Albert; voyons, dites vite, faut-il que je vous tende la main en disant : Beauchamp, avouez un tort et conservez-moi un ami? ou faut-il que tout simplement je vous demande : Quelles sont vos armes ?

— Albert, dit Beauchamp avec une tristesse qui frappa le jeune homme de stupeur, asseyons-nous d'abord, et causons.

— Mais il me semble, au contraire, Monsieur, qu'avant de nous asseoir, vous avez à me répondre ?

— Albert, dit le journaliste, il y a des circonstances où la difficulté est justement dans la réponse.

— Je vais vous la rendre facile, Monsieur, en vous répétant la demande : Voulez-vous vous rétracter, oui ou non ?

— Morcerf, on ne se contente pas de répondre oui ou non aux questions qui intéressent l'honneur, la position sociale, la vie d'un homme comme M. le lieutenant-général comte de Morcerf, pair de France.

— Que fait-on alors ?

— On fait ce que j'ai fait, Albert; on dit : L'argent, le temps et la fatigue ne sont rien lorsqu'il s'agit de la réputation et des intérêts de toute une famille; on dit : Il faut plus que des probabilités, il faut des certitudes pour accepter un duel à mort avec un ami; on dit : Si je croise l'épée ou si je lâche la détente d'un pistolet sur un homme dont j'ai, pendant trois ans, serré la main, il faut que je sache au moins pourquoi je fais une pareille chose, afin que j'arrive sur le terrain avec le cœur en repos et cette conscience tranquille dont un homme a besoin quand il faut que son bras sauve sa vie.

— Eh bien ! eh bien ! demanda Morcerf avec impatience; que veut dire cela?

— Cela veut dire que j'arrive de Janina.

— De Janina? vous !

— Oui, moi.

— Impossible !

— Mon cher Albert, voici mon passeport ; voyez les *visa* : Genève, Milan, Venise, Trieste, Delvino, Janina. En croirez-vous la police d'une république, d'un royaume et d'un empire ?

Albert jeta les yeux sur le passeport, et les releva étonnés sur Beauchamp.

— Vous avez été à Janina ? dit-il.

— Albert, si vous aviez été un étranger, un inconnu, un simple lord comme cet Anglais qui est venu me demander raison il y a trois ou quatre mois, et que j'ai tué pour m'en débarrasser, vous comprenez que je ne me serais pas donné une pareille peine; mais j'ai cru que je vous devais cette marque de considération. J'ai mis huit jours à aller, huit jours à revenir, plus quatre jours de quarantaine, et quarante-huit heures de séjour; cela fait bien mes trois semaines. Je suis arrivé cette nuit, et me voilà.

— Mon Dieu, mon Dieu! que de circonlocutions, Beauchamp, et que vous tardez à me dire ce que j'attends de vous!

— C'est qu'en vérité, Albert...

— On dirait que vous hésitez.

— Oui, j'ai peur.

— Vous avez peur d'avouer que votre correspondant vous avait trompé? Oh! pas d'amour-propre, Beauchamp; avouez, Beauchamp, votre courage ne peut être mis en doute.

— Oh! ce n'est point cela, murmura le journaliste; au contraire...

Albert pâlit affreusement; il essaya de parler, mais la parole expira sur ses lèvres.

— Mon ami, dit Beauchamp du ton le plus affectueux, croyez que je serais heureux de vous faire mes excuses, et que ces excuses, je vous les ferais de tout mon cœur; mais, hélas!...

— Mais, quoi?

— La note avait raison, mon ami.

— Comment! cet officier français...

— Oui.

— Ce Fernand?

— Oui.

— Ce traître qui a livré les châteaux de l'homme au service duquel il était...

— Pardonnez-moi de vous dire ce que je vous dis, mon ami : cet homme, c'est votre père !

Albert fit un mouvement furieux pour se lancer sur Beauchamp ; mais celui-ci le retint bien plus encore avec un doux regard qu'avec sa main étendue.

— Tenez, mon ami, dit-il en tirant un papier de sa poche, voici la preuve.

Albert ouvrit le papier ; c'était une attestation de quatre habitants notables

de Janina, constatant que le colonel
Fernand Mondego, colonel instructeur
au service du vizir Ali-Tebelin, avait livré
le château de Janina moyennant deux
mille bourses.

Les signatures étaient légalisées par le
consul.

Albert chancela et tomba écrasé sur
un fauteuil.

Il n'y avait point à en douter cette
fois, le nom de famille y était en toutes
lettres.

Aussi, après un moment de silence

muet et douloureux, son cœur se gonfla, les veines de son cou s'enflèrent, un torrent de larmes jaillit de ses yeux.

Beauchamp, qui avait regardé avec une profonde pitié le jeune homme cédant au paroxysme de la douleur, s'approcha de lui.

— Albert, lui dit-il, vous me comprenez maintenant, n'est-ce pas? J'ai voulu tout voir, tout juger par moi-même, espérant que l'explication serait favorable à votre père, et que je pourrais lui rendre toute justice. Mais au contraire les renseignements pris constatent que cet officier instructeur, que ce Fernand Mondego, élevé par Ali-Pacha au titre de général gouverneur, n'est autre que le comte Fernand de Morcerf : alors je suis revenu me rappelant l'honneur que vous m'aviez fait de m'admettre à votre amitié, et je suis accouru à vous.

Albert, toujours étendu sur son fauteuil, tenait ses deux mains sur ses yeux, comme s'il eût voulu empêcher le jour d'arriver jusqu'à lui.

— Je suis accouru à vous, continua Beauchamp, pour vous dire : Albert, les fautes de nos pères dans ces temps d'action et de réaction, ne peuvent atteindre les enfants. Albert, bien peu ont traversé ces révolutions, au milieu desquelles nous sommes nés, sans que quelque tache de boue ou de sang ait souillé leur uniforme de soldat ou leur robe de juge. Albert, personne au monde, maintenant que j'ai toutes les preuves, maintenant que je suis maître de votre secret, ne peut me forcer à un combat que votre conscience, j'en suis certain, vous reprocherait comme un crime; mais ce que vous ne pouvez plus exiger de moi, je viens vous l'offrir. Ces preuves, ces révélations, ces attestations que je possède seul, voulez-vous qu'elles disparaissent? ce secret affreux, voulez-vous qu'il reste entre vous et moi? Confié à ma parole d'honneur, il ne sortira jamais de ma bouche; dites, le voulez-vous, Albert? dites, le voulez-vous, mon ami?

Albert s'élança au cou de Beauchamp.

— Ah ! noble cœur ! s'écria-t-il.

— Tenez, dit Beauchamp en présentant les papiers à Albert.

Albert les saisit d'une main convulsive, les étreignit, les froissa, songea à les déchirer ; mais, tremblant que la moindre parcelle enlevée par le vent ne le revînt un jour frapper au front, il alla à la bougie toujours allumée pour les cigarres, et en consuma jusqu'au dernier fragment.

— Cher ami, excellent ami ! murmurait Albert tout en brûlant les papiers.

— Que tout cela s'oublie comme un mauvais rêve, dit Beauchamp, s'efface comme ces dernières étincelles qui courent sur le papier noirci, que tout cela s'évanouisse comme cette dernière fumée qui s'échappe de ces cendres muettes.

— Oui, oui, dit Albert, et qu'il n'en reste que l'éternelle amitié que je voue à mon sauveur, amitié que mes enfants transmettront aux vôtres, amitié qui me rappellera toujours que le sang de mes veines, la vie de mon corps, l'honneur de mon nom, je vous les dois ; car si une pareille chose eût été connue, oh ! Beauchamp, je vous le déclare, je me brûlais la cervelle ; ou, non, pauvre mère ! car je n'eusse pas voulu la tuer du même coup, ou je m'expatriais.

— Cher Albert ! dit Beauchamp.

Mais le jeune homme sortit bientôt de cette joie inopinée et pour ainsi dire factice, et retomba plus profondément dans sa tristesse.

— Eh bien ! demanda Beauchamp, voyons, qu'y a-t-il encore, mon ami ?

— Il y a, dit Albert, que j'ai quelque chose de brisé dans le cœur. Écoutez, Beauchamp, on ne se sépare pas ainsi en une seconde de ce respect, de cette confiance et de cet orgueil qu'inspire à un fils le nom sans tache de son père. Oh ! Beauchamp, Beauchamp ! comment à présent vais-je aborder le mien ? Reculerai-je donc mon front dont il approchera ses lèvres, ma main dont il approchera sa main ?.. Tenez, Beauchamp, je suis le plus malheureux des hommes. Ah! ma mère, ma pauvre mère, dit Albert en regardant à travers ses yeux noyés de larmes le portrait de sa mère; si vous avez su cela, combien vous avez dû souffrir!

— Voyons, dit Beauchamp, en lui prenant les deux mains, du courage, ami!

—Mais d'où venait cette première note insérée dans votre journal? s'écria Albert ; il y a derrière tout cela une haine inconnue, un ennemi invisible.

— Eh bien! dit Beauchamp, raison de plus. Du courage, Albert ! pas de traces d'émotion sur votre visage ; portez cette douleur en vous comme le nuage porte en soi la ruine et la mort; secret fatal que l'on ne comprend qu'au moment où la tempête éclate. Allez, ami, réservez vos forces pour le moment où l'éclat se ferait.

—Oh ! mais vous croyez donc que nous ne sommes pas au bout ? dit Albert épouvanté.

— Moi, je ne crois rien, mon ami; mais enfin tout est possible. A propos.

— Quoi ? demanda Albert en voyant que Beauchamp hésitait.

— Epousez-vous toujours mademoiselle Danglars ?

— A quel propos me demandez-vous cela dans un pareil moment, Beauchamp ?

—Parce que, dans mon esprit, la rupture ou l'accomplissement de ce mariage se rattache à l'objet qui nous occupe en ce moment.

— Comment! dit Albert dont le front

s'enflamma, vous croyez que M. Danglars...

— Je vous demande seulement où en est votre mariage ? Que diable ! ne voyez pas dans mes paroles autre chose que ce que je veux y mettre, et ne leur donnez pas plus de portée qu'elles n'en ont.

— Non, dit Albert, le mariage est rompu.

— Bien, dit Beauchamp.

Puis, voyant que le jeune homme allait retomber dans sa mélancolie :

— Tenez, Albert, lui dit-il, si vous m'en croyez, nous allons sortir ; un tour au bois en phaéton ou à cheval vous distraira ; puis, nous reviendrons déjeuner quelque part, et vous irez à vos affaires et moi aux miennes.

— Volontiers, dit Albert, mais sortons à pied, il me semble qu'un peu de fatigue me ferait du bien.

— Soit, dit Beauchamp.

Et les deux amis, sortant à pied, suivirent le boulevart. Arrivés à la Madeleine :

— Tenez, dit Beauchamp, puisque nous voilà sur la route, allons un peu voir M. de Monte-Christo, il vous distraira ; c'est un homme admirable pour remettre les esprits, en ce qu'il ne questionne jamais ; or, à mon avis, les gens qui ne questionnent pas sont les plus habiles consolateurs.

— Soit, dit Albert, allons chez lui, je l'aime.

CHAPITRE V.

LE VOYAGE.

Monte-Christo poussa un cri de joie en voyant les deux jeunes gens ensemble.

— Ah! ah! dit-il. Eh bien, j'espère que tout est fini, éclairci, arrangé?

— Oui, dit Beauchamp. Des bruits absurdes, qui sont tombés d'eux-mêmes, et qui maintenant, s'ils se renouvelaient, m'auraient pour premier antagoniste. Ainsi donc ne parlons plus de cela.

— Albert vous dira, reprit le comte, que c'est le conseil que je lui avais donné. Tenez, ajouta-t-il, vous me voyez au reste achevant la plus exécrable matinée que j'aie jamais passée, je crois.

— Que faites-vous? dit Albert; vous mettez de l'ordre dans vos papiers, ce me semble?

— Dans mes papiers, Dieu merci non!

il y a toujours dans mes papiers un ordre merveilleux, attendu que je n'ai pas de papiers, mais dans les papiers de M. Cavalcanti.

— De M. Cavalcanti? demanda Beauchamp.

— Eh oui! ne savez-vous pas que c'est un jeune homme que lance le comte? dit Morcerf.

— Non pas, entendons-nous bien, répondit Monte-Christo, je ne lance personne, et M. Cavalcanti moins que tout autre.

— Et qui va épouser mademoiselle Danglars en mon lieu et place, ce qui, continua Albert en essayant de sourire, comme vous pouvez bien vous en douter, mon cher Beauchamp, m'affecte cruellement.

— Comment! Cavalcanti épouse mademoiselle Danglars? demanda Beauchamp.

— Ah ça! mais vous venez donc du bout du monde? dit Monte-Christo; vous, un journaliste, le mari de la Renommée! Tout Paris ne parle que de cela.

— Et c'est vous, comte, qui avez fait ce mariage? demanda Beauchamp.

— Moi ? Oh ! silence, monsieur le nouvelliste, n'allez pas dire de pareilles choses ; moi ! bon Dieu ! faire un mariage ! Non, vous ne me connaissez pas ; je m'y suis au contraire opposé de tout mon pouvoir, j'ai refusé de faire la demande.

— Ah ! je comprends, dit Beauchamp, à cause de notre ami Albert ?

— A cause de moi ? dit le jeune homme ; oh non, par ma foi ! Le comte me rendra la justice d'attester que je l'ai toujours prié, au contraire, de rompre ce projet, qui heureusement est rompu. Le comte prétend que ce n'est pas lui que je dois remercier ; soit, j'élèverai, comme les anciens, un autel *Deo ignoto*.

— Ecoutez, dit Monte-Christo, c'est si peu moi, que je suis en froid avec le beau-père et avec le jeune homme; il n'y a que mademoiselle Eugénie, laquelle ne me paraît pas avoir une profonde vocation pour le mariage, qui, en voyant à quel point j'étais peu disposé à la faire renoncer à sa chère liberté, m'ait conservé son affection.

— Et vous dites que ce mariage est sur le point de se faire?

— Oh! mon Dieu! oui, malgré tout ce que j'ai pu dire. Moi je ne connais pas le jeune homme, on le prétend riche et de bonne famille; mais pour moi ces choses sont de simples *on dit*. J'ai répété tout cela à satiété à M. Danglars, mais il est entiché de son Lucquois. J'ai été jusqu'à lui faire part d'une circonstance qui pour moi était plus grave : le jeune homme a été changé en nourrice, enlevé par des Bohémiens, ou égaré par son précepteur, je ne sais pas trop. Mais ce que je sais, c'est que son père l'a perdu de vue pendant plus de dix années ; ce qu'il a fait pendant ces dix années de vie errante, Dieu seul le sait. Eh bien ! rien de tout cela n'y a fait. On m'a chargé d'écrire au major et de demander des papiers ; ces papiers, les voilà. Je les leur envoie, mais comme Pilate, en me lavant les mains.

— Et mademoiselle d'Armilly, demanda Beauchamp, quelle mine vous fait-elle à vous, qui lui enlevez son élève?

— Dame! je ne sais pas trop : mais il paraît qu'elle part pour l'Italie. Madame Danglars m'a parlé d'elle et m'a demandé des lettres de recommandation pour les impresari; je lui ai donné un mot pour le directeur du théâtre Valle, qui m'a quelques obligations. Mais qu'avez-vous donc, Albert? vous avez l'air tout attristé; est-ce que, sans vous en douter, vous êtes amoureux de mademoiselle Danglars, par exemple?

— Pas que je sache, dit Albert en souriant tristement.

Beauchamp se mit à regarder les tableaux.

—Mais enfin, continua Monte-Christo, vous n'êtes pas dans votre état ordinaire. Voyons, qu'avez-vous? dites.

— J'ai la migraine, dit Albert.

— Eh bien! mon cher vicomte, dit Monte-Christo, j'ai en ce cas un remède infaillible à vous proposer ; remède qui m'a réussi à moi chaque fois que j'ai éprouvé quelque contrariété.

— Lequel ? demanda le jeune homme.

— Le déplacement.

— En vérité ? dit Albert.

— Oui ; et tenez, comme en ce moment-ci je suis excessivement contrarié, je me déplace. Voulez-vous que nous nous déplacions ensemble ?

— Vous, contrarié, comte ! dit Beauchamp ; et de quoi donc ?

— Pardieu ! vous en parlez fort à votre aise, vous ; je voudrais bien vous voir avec une instruction se poursuivant dans votre maison !

— Une instruction ! quelle instruction ?

— Eh ! celle que M. de Villefort dresse contre mon aimable assassin donc, une espèce de brigand échappé du bagne, à ce qu'il paraît.

— Ah ! c'est vrai, dit Beauchamp, j'ai lu le fait dans les journaux. Qu'est-ce que c'est que ce Caderousse ?

— Eh bien... mais il paraît que c'est un Provençal. M. de Villefort en a entendu parler quand il était à Marseille, et M. Danglars se rappelle l'avoir vu. Il en résulte que M. le procureur du Roi prend l'affaire fort à cœur, qu'elle a, à ce qu'il paraît, intéressé au plus haut degré le préfet de police, et que, grâce à cet intérêt dont je suis on ne peut plus reconnaissant, on m'envoie ici depuis quinze jours tous les bandits qu'on peut se procurer dans Paris et dans la banlieue, sous prétexte que ce sont les assassins de M. Caderousse ; d'où il résulte que, dans trois mois, si cela continue, il n'y aura pas un voleur ni un assassin dans ce beau royaume de France qui ne connaisse le plan de ma maison sur le bout de son doigt ; ausi je prends le parti de la leur abandonner tout entière, et de m'en aller aussi loin que la terre pourra me porter. Venez avec moi, vicomte, je vous emmène.

— Volontiers.

—Alors, c'est convenu?

— Oui, mais où cela?

— Je vous l'ai dit, où l'air est pur, où le bruit endort, où, si orgueilleux que l'on soit, on se sent humble et l'on se trouve petit. J'aime cet abaissement, moi que l'on dit maître de l'univers comme Auguste.

— Où allez-vous enfin?

— A la mer, vicomte, à la mer. Je suis un marin, voyez-vous; tout enfant j'ai été bercé dans les bras du vieil Océan et sur le sein de la belle Amphitrite ; j'ai joué avec le manteau vert de l'un et la robe azurée de l'autre ; j'aime la mer comme on aime une maîtresse, et quand il y a longtemps que je ne l'ai vue, je m'ennuie d'elle.

— Allons, comte, allons !

— A la mer ?

— Oui.

— Vous acceptez ?

— J'accepte.

— Eh bien! vicomte, il y aura ce soir dans ma cour un bon briska de voyage, dans lequel on peut s'étendre comme dans son lit ; ce briska sera attelé de quatre chevaux de poste. M. Beauchamp, on y tient quatre très-facilement. Voulez-vous venir avec nous, je vous emmène ?

— Merci, je viens de la mer.

— Comment ! vous venez de la mer ?

— Oui, ou à peu près. Je viens de faire un petit voyage aux îles Borromées.

— Qu'importe ! venez toujours ! dit Albert.

— Non, cher Morcerf, vous devez comprendre que du moment où je refuse, c'est que la chose est impossible. D'ailleurs, il est important, ajouta-t-il en baissant la voix, que je reste à Paris, ne fût-ce que pour surveiller la boîte du journal.

— Ah ! vous êtes un bon et excellent ami, dit Albert; oui, vous avez raison, veillez, surveillez, Beauchamp, et tâchez de découvrir l'ennemi à qui cette révélation a dû le jour.

Albert et Beauchamp se séparèrent :

leur dernière poignée de main renfermait tout le sens que leurs lèvres ne pouvaient exprimer devant un étranger.

— Excellent garçon que ce Beauchamp! dit Monte-Christo après le départ du journaliste; n'est-ce pas, Albert?

—Oh! oui, un homme de cœur, je vous en réponds; aussi je l'aime de toute mon ame. Mais, maintenant que nous voilà seuls, quoique la chose me soit à peu près égale, où allons-nous?

— En Normandie, si vous voulez bien.

— A merveille. Nous sommes tout-à-fait à la campagne, n'est-ce pas? point de société, point de voisins?

— Nous sommes tête à tête avec des chevaux pour courir, des chiens pour chasser, et une barque pour pêcher; voilà tout.

— C'est ce qu'il me faut ; je préviens ma mère, et je suis à vos ordres.

— Mais, dit Monte-Christo, vous permettra-t-on ?

— Quoi ?

— De venir en Normandie?

— A moi, est-ce que je ne suis pas libre !

— D'aller où vous voulez, seul, je le sais bien, puisque je vous ai rencontré échappé par l'Italie.

— Eh bien !

— Mais de venir avec l'homme mystérieux qu'on appelle le comte de Monte-Christo ?..

— Vous avez peu de mémoire, comte.

— Comment cela ?

— Ne vous ai-je pas dit toute la sympathie que ma mère avait pour vous ?

— Souvent femme varie, a dit François Ier; la femme, c'est l'onde, a dit Shakespeare : l'un était un grand roi et l'autre un grand poète, et chacun d'eux devait connaître la femme

— Oui, la femme, mais ma mère n'est point la femme, c'est une femme.

— Permettrez-vous à un pauvre étranger de ne point comprendre parfaitement toutes les subtilités de votre langue ?

— Je veux dire que ma mère est avare

de ses sentiments, mais qu'une fois qu'elle les a accordés, c'est pour toujours.

— Ah! vraiment! dit en soupirant Monte-Christo; et vous croyez qu'elle me fait l'honneur de m'accorder un sentiment autre que la plus parfaite indifférence?

— Écoutez? je vous l'ai déjà dit et je vous le répète, reprit Morcerf, il faut que vous soyez réellement un homme bien étrange et bien supérieur.

— Oh!

— Oui! car ma mère s'est laissé prendre, je ne dirai pas à la curiosité, mais à l'intérêt que vous inspirez. Quand nous sommes seuls, nous ne causons que de vous.

— Et elle vous dit de vous méfier de ce Manfred?

— Au contraire, elle me dit : — Morcerf, je crois le comte une noble nature ; tâche de te faire aimer de lui.

Monte-Christo détourna les yeux et poussa un soupir.

— Ah! vraiment? dit-il.

— De sorte, vous comprenez, continua Albert, qu'au lieu de s'opposer à mon voyage, elle l'approuvera de tout son cœur, puisqu'il rentre dans les recommandations qu'elle me fait chaque jour.

— Allez donc, dit Monte-Christo ; à ce soir. Soyez ici à cinq heures : nous arriverons là-bas à minuit ou une heure.

— Comment ! au Tréport ?...

— Au Tréport ou dans les environs.

— Il ne vous faut que huit heures pour faire quarante-huit lieues ?

— C'est encore beaucoup, dit Monte-Christo.

— Décidément vous êtes l'homme des prodiges, et vous arriverez non-seulement à dépasser les chemins de fer, ce qui n'est pas bien difficile, en France surtout, mais encore à aller plus vite que le télégraphe.

— En attendant, vicomte, comme il nous faut toujours sept ou huit heures pour arriver là-bas, soyez exact.

— Soyez tranquille, je n'ai rien autre chose à faire d'ici là que de m'apprêter.

— A cinq heures, alors.

— A cinq heures.

Albert sortit. Monte-Christo, après lui avoir en souriant fait un signe de la tête, demeura un instant pensif et comme absorbé dans une profonde méditation. Enfin, passant la main sur son front, comme pour écarter sa rêverie, il alla au timbre et frappa deux coups.

Au bruit des deux coups frappés par Monte-Christo sur le timbre, Bertuccio entra.

— Maître Bertuccio, dit-il, ce n'est

pas demain, ce n'est pas après-demain, comme je l'avais pensé d'abord, c'est ce soir que je pars pour la Normandie; d'ici à cinq heures, c'est plus de temps qu'il ne vous en faut : vous ferez prévenir les palefreniers du premier relais; M. de Morcerf m'accompagne. Allez.

Bertuccio obéit, et un piqueur courut à Pontoise annoncer que la chaise de poste passerait à six heures précises. Le palefrenier de Pontoise envoya au relais suivant un exprès, qui en envoya un autre; et, six heures après, tous les relais disposés sur la route étaient prévenus.

Avant de partir, le comte monta chez

Haydée, lui annonça son départ, lui dit le lieu où il allait, et mit toute sa maison à ses ordres.

Albert fut exact. Le voyage, sombre à son commencement, s'éclaircit bientôt par l'effet physique de la rapidité. Morcerf n'avait pas idée d'une pareille vitesse.

— En effet, dit Monte-Christo, avec votre poste faisant ses deux lieues à l'heure, avec cette loi stupide qui défend à un voyageur de dépasser l'autre sans lui demander la permission, et qui fait qu'un voyageur malade ou quinteux a le droit d'enchaîner à sa suite les voyageurs allègres et bien portants, il n'y a pas de locomotion possible ; moi j'évite cet inconvénient en voyageant avec mon propre postillon et mes propres chevaux, n'est-ce pas, Ali ?

Et le comte, passant la tête par la portière, poussait un petit cri d'excitation qui donnait des ailes aux chevaux : ils ne couraient plus, ils volaient. La voiture roulait comme un tonnerre sur ce pavé royal, et chacun se détournait pour voir passer le météore flamboyant. Ali, répétant ce cri, souriait montrant ses dents blanches, serrant dans ses mains robustes les rênes écumantes, aiguillonnant les chevaux, dont les belles crinières s'éparpillaient au vent ; Ali, l'enfant du désert, se retrouvait dans son élément, et avec son visage noir, ses yeux ardents, son burnous de neige, il semblait, au milieu de la poussière qu'il soulevait, le génie du simoun et le dieu de l'ouragan.

— Voilà, dit Morcerf, une volupté que je ne connaissais pas, c'est la volupté de la vitesse.

Et les derniers nuages de son front se dissipaient, comme si l'air qu'il fendait emportait ces nuages avec lui.

— Mais où diable trouvez-vous de pareils chevaux? demanda Albert, vous les faites donc faire exprès?

— Justement, dit le comte; il y a six ans je trouvai en Hongrie un fameux étalon renommé pour sa vitesse; je l'achetai je ne sais plus combien, ce fut Bertuccio qui paya. Dans la même année il eut trente-deux enfants : c'est toute cette progéniture du même père que nous allons passer en revue; ils sont tous pareils, noirs, sans une seule tache, except une étoile au front, car à ce privilégié du haras on a choisi des juments, comme aux pachas on choisit des favorites.

— C'est admirable!... Mais dites-moi, comte, que faites-vous de tous ces chevaux?

— Vous le voyez, je voyage avec eux.

— Mais vous ne voyagez pas toujours ?

— Quand je n'en aurai plus besoin, Bertuccio les vendra, et il prétend qu'il gagnera trente ou quarante mille francs sur eux.

— Mais il n'y aura pas de roi d'Europe assez riche pour vous les acheter.

— Alors il les vendra à quelque simple vizir d'Orient, qui videra son trésor pour les payer, et qui remplira son trésor en administrant des coups de bâton sous la plante des pieds de ses sujets.

— Comte, voulez-vous que je vous

communique une pensée qui m'est venue ?

— Faites.

— C'est qu'après vous M. Bertuccio doit être le plus riche particulier de l'Europe.

— Eh bien, vous vous trompez, vicomte; je suis sûr que si vous retourniez les poches de Bertuccio, vous n'y trouveriez pas dix sous vaillant.

— Pourquoi cela ? demanda le jeune

homme; c'est donc un phénomène que M. Bertuccio?... Ah! mon cher comte, ne me poussez pas trop loin dans le merveilleux, ou je ne vous croirai plus, je vous en préviens.

— Jamais de merveilleux avec moi, Albert, des chiffres et de la raison, voilà tout; or, écoutez ce dilemme : un intendant vole, mais pourquoi vole-t-il?

— Dame! parce que c'est dans sa nature, ce me semble, dit Albert; il vole pour voler.

— Eh bien! non, vous vous trompez, il vole parce qu'il a une femme, des enfants, des désirs ambitieux pour lui et pour sa famille; il vole surtout parce qu'il n'est pas sûr de ne quitter jamais son maître, et qu'il veut se faire un avenir. Eh bien! M. Bertuccio est seul au monde; il puise dans ma bourse sans me rendre compte; il est sûr de ne jamais me quitter.

— Pourquoi cela?

— Parce que je n'en trouverais pas un meilleur.

—Vous tournez dans un cercle vicieux, celui des probabilités.

— Oh! non pas, je suis dans les certitudes; le bon serviteur, pour moi, c'est celui sur lequel j'ai droit de vie ou de mort.

— Et vous avez droit de vie et de mort sur Bertuccio? demanda Albert.

— Oui, répondit froidement le comte.

Il y a des mots qui ferment la conversation comme une porte de fer; le *oui* du comte était un de ces mots-là.

Le reste du voyage s'accomplit avec la même rapidité : les trente-deux chevaux, divisés en huit relais, firent leurs quarante-sept lieues en huit heures.

On arriva au milieu de la nuit à la porte d'un beau parc. Le concierge était debout et tenait la grille ouverte : il avait été prévenu par le palefrenier du dernier relais.

Il était deux heures et demie du matin : on conduisit Morcerf à son appartement. Il trouva un bain et un souper prêts. Le domestique qui avait fait la route sur le siège de derrière de la voiture était à ses ordres ; Baptistin, qui avait fait la route sur le siège de devant, était à ceux du comte.

Albert prit son bain, soupa et se coucha. Toute la nuit, il fut bercé par le bruit mélancolique de la houle. En se levant, il alla droit à sa fenêtre, l'ouvrit et se trouva sur une petite terrasse, où l'on avait devant soi la mer, c'est-à-dire l'immensité, et derrière soi un joli parc donnant sur une petite forêt.

Dans une anse d'une certaine grandeur se balançait une petite corvette à la carène étroite, à la mâture élancée, et portant à la corne un pavillon aux armes de Monte-Christo, armes représentant une montagne d'or, posant sur une mer d'azur, avec une croix de gueule au chef, ce qui pouvait aussi bien être une allusion à son nom rappelant le calvaire, que la passion de Notre-Seigneur a fait une montagne plus précieuse que l'or, et la croix infâme que son sang divin a faite sainte, qu'à quelque souvenir personnel de souffrance et de régénération enseveli dans la nuit du passé de cet homme mystérieux.

Autour de la goëlette étaient plusieurs petits chasse-marées appartenant aux pêcheurs des villages voisins, et qui semblaient d'humbles sujets attendant les ordres de leur reine.

Là, comme dans tous les endroits où s'arrêtait Monte-Christo, ne fût-ce que pour y passer deux jours, la vie y était organisée au thermomètre du plus haut confortable; aussi la vie, à l'instant même, devenait-elle facile.

Albert trouva dans son antichambre deux fusils et tous les ustensiles nécessaires à un chasseur; une pièce plus haute, et placée au rez-de-chaussée, était consacrée à toutes les ingénieuses machines que les Anglais, grands pêcheurs, parce qu'ils sont patients et oisifs, n'ont pas encore pu faire adopter aux routiniers pêcheurs de France.

Toute la journée se passa à ces exercices divers, auxquels, d'ailleurs, Monte-Christo excellait; on tua une douzaine de faisans dans le parc, on pêcha autant de truites dans les ruisseaux, on dîna dans un kiosque donnant sur la mer, et l'on servit le thé dans la bibliothèque.

Vers le soir du troisième jour, Albert, brisé de fatigue à l'user de cette vie qui semblait être un jeu pour Monte-Christo, dormait sur un fauteuil près la fenêtre, tandis que le comte faisait avec son architecte le plan d'une serre qu'il voulait établir dans sa maison, lorsque le bruit d'un cheval écrasant les cailloux de la route fit lever la tête au jeune homme; il regarda par la fenêtre, et, avec une surprise des plus désagréables, aperçut dans la cour son valet de chambre, dont il n'avait pas voulu se faire suivre pour moins embarrasser Monte-Christo.

— Florentin ici! s'écria-t-il en bondissant sur son fauteuil; est-ce que ma mère est malade!

Et il se précipita vers la porte de la chambre.

Monte-Christo le suivit des yeux, et le vit aborder le valet qui, tout essoufflé encore, tira de sa poche un petit paquet cacheté. Le petit paquet contenait un journal et une lettre.

— De qui cette lettre? demanda vivement Albert.

— De M. Beauchamp, répondit Florentin.

— C'est Beauchamp qui vous envoie alors ?

— Oui, Monsieur. Il m'a fait venir chez lui, m'a donné l'argent nécessaire à mon voyage, m'a fait venir un cheval de poste, et m'a fait promettre de ne point m'arrêter que je n'aie rejoint Monsieur : j'ai fait la route en quinze heures.

Albert ouvrit la lettre en frissonnant. Aux premières lignes, il poussa un cri, et saisit le journal avec un tremblement visible.

Tout-à-coup ses yeux s'obscurcirent, ses jambes semblèrent se dérober sous lui, et, prêt à tomber, il s'appuya sur Florentin, qui étendait le bras pour le soutenir.

— Pauvre jeune homme! murmura Monte-Christo, si bas que lui-même n'eût pu entendre le bruit des paroles de compassion qu'il prononçait; il est donc dit que la faute des pères retombera sur les enfants jusqu'à la troisième et quatrième génération!

Pendant ce temps Albert avait repris sa force, et, continuant de lire, il secoua ses cheveux sur sa tête mouillée de sueur, et froissant lettre et journal :

— Florentin, dit-il, votre cheval est-il en état de reprendre le chemin de Paris ?

— C'est un mauvais bidet de poste éclopé.

— Oh ! mon Dieu ! et comment était la maison quand vous l'avez quittée ?

— Assez calme ; mais en revenant de chez M. Beauchamp, j'ai trouvé Madame dans les larmes, elle m'avait fait demander pour la voir quand vous reviendriez. Alors je lui ai dit que j'allais vous chercher de la part de M. Beauchamp. Son premier mouvement a été d'étendre le bras comme pour m'arrêter, mais après un instant de réflexion :

— Oui, allez Florentin, a-t-elle dit, et qu'il revienne.

— Oui, ma mère, oui, dit Albert, je reviens, sois tranquille, et malheur à l'infâme!.. Mais, avant tout, il faut que je parte.

Et il reprit le chemin de la chambre où il avait laissé Monte-Christo.

Ce n'était plus le même homme, et cinq minutes avaient suffi pour opérer chez Albert une triste métamorphose ; il était sorti dans son état ordinaire, il rentrait avec la voix altérée, le visage sillonné de rougeurs fébriles, l'œil étincelant sous des paupières veinées de bleu ; et la démarche chancelante comme celle d'un homme ivre.

— Comte, dit-il, merci de votre bonne hospitalité, dont j'aurais voulu jouir plus longtemps, mais il faut que je retourne à Paris.

— Qu'est-il donc arrivé ?

— Un grand malheur ; mais permettez-moi de partir, il s'agit d'une chose bien autrement précieuse que ma vie.

Pas de question, Comte, je vous en supplie, mais un cheval !

— Mes écuries sont à votre service, Vicomte, dit Monte-Christo ; mais vous allez vous tuer de fatigue en courant la poste à cheval ; prenez une calèche, un coupé, quelque voiture.

— Non, ce serait trop long, et puis j'ai besoin de cette fatigue que vous craignez pour moi, elle me fera du bien.

Albert fit quelques pas en tournoyant comme un homme frappé d'une balle, et alla tomber sur une chaise près de la porte.

Monte-Christo ne vit pas cette seconde faiblesse ; il était à la fenêtre et criait :

— Ali, un cheval pour M. de Morcerf! qu'on se hâte, il est pressé!

Ces paroles rendirent la vie à Albert ; il s'élança hors de la chambre, le comte le suivit.

— Merci! murmura le jeune homme en s'élançant en selle. Vous reviendrez aussi vite que vous pourrez, Florentin. Y a-t-il un mot d'ordre pour qu'on me donne des chevaux ?

— Pas d'autre que de rendre celui que

vous montez ; on vous en sellera à l'instant un autre.

Albert allait s'élancer, il s'arrêta.

— Vous trouverez peut-être mon départ étrange, imposé, insensé, dit le jeune homme ; vous ne comprenez pas comment quelques lignes écrites sur un journal peuvent mettre un homme au désespoir ; eh bien ! ajouta-t-il en lui jetant le journal, lisez ceci, mais quand je serai parti seulement, afin que vous ne voyez pas ma rougeur.

Et tandis que le comte ramassait le journal, il enfonça les éperons qu'on venait d'attacher à ses bottes dans le ventre du cheval, qui, étonné qu'il existât un cavalier qui crût avoir besoin vis-à-vis de lui d'un pareil stimulant, partit comme un trait d'arbalète.

Le comte suivit des yeux avec un sentiment de compassion infinie le jeune homme, et ce ne fut que lorsqu'il eut complétement disparu que, reportant ses regards sur le journal, il lut ce qui suit :

« Cet officier français au service d'Ali, pacha de Janina, dont parlait il y a trois semaines le journal *l'Impartial*, et qui non-seulement livra les châteaux de Janina, mais encore vendit son bienfaiteur aux Turcs, s'appelait en effet à cette époque Fernand, comme l'a dit notre honorable confrère ; mais, depuis, il a ajouté à son nom de baptême un titre de noblesse et un nom de terre.

« Il s'appelle aujourd'hui M. le comte de Morcerf, et fait partie de la Chambre des Pairs. »

Ainsi donc, ce secret terrible que Beauchamp avait enseveli avec tant de générosité, reparaissait comme un fantôme armé, et un autre journal, cruellement renseigné, avait publié, le surlendemain du départ d'Albert pour la

Normandie, les quelques lignes qui avaient failli rendre fou le malheureux jeune homme.

CHAPITRE VI.

LE JUGEMENT.

A huit heures du matin, Albert tomba chez Beauchamp comme la foudre. Le valet de chambre était prévenu ; il introduisit Morcerf dans la chambre de son maître, qui venait de se mettre au bain.

— Eh bien ! lui dit Albert.

— Eh bien ! mon pauvre ami, répondit Beauchamp, je vous attendais.

—Me voilà. Je ne vous dirai pas, Beauchamp, que je vous crois trop loyal et trop bon pour avoir parlé de cela à qui que ce soit ; non , mon ami. D'ailleurs le message que vous m'avez envoyé m'est un garant de votre affection. Ainsi, ne perdons pas de temps en préambules : vous avez quelque idée de quelle part vient le coup ?

— Je vous en dirai deux mots tout-à-l'heure.

— Oui, mais auparavant, mon ami, vous me devez, dans tous ses détails, l'histoire de cette abominable trahison.

Et Beauchamp raconta au jeune homme, écrasé de honte et de douleur, les faits que nous allons redire dans toute leur simplicité.

Le matin de l'avant-veille, l'article avait paru dans un journal autre que l'*Impartial*, et ce qui donnait plus de gravité encore à l'affaire, dans un journal bien connu pour appartenir au gouvernement. Beauchamp déjeunait lorsque la note lui sauta aux yeux ; il envoya aussitôt chercher un cabriolet, et sans achever son repas il courut au journal.

Quoique professant des sentiments politiques complètement opposés à ceux du gérant du journal accusateur, Beauchamp, ce qui arrive quelquefois, et nous dirons même souvent, était son intime ami.

Lorsqu'il arriva chez lui, le gérant tenait son propre journal et paraissait se complaire dans un *premier-Paris* sur le sucre de betterave, qui, probablement, était de sa façon.

— Ah ! pardieu! dit Beauchamp, puisque vous tenez votre journal, mon cher, je n'ai pas besoin de vous dire ce qui m'amène.

— Seriez-vous, par hasard, partisan de la canne à sucre? demande le gérant du journal ministériel.

— Non, répondit Beauchamp, je suis même parfaitement étranger à la question; aussi viens-je pour autre chose.

— Et pourquoi venez-vous?

— Pour l'article Morcerf.

— Ah! oui, vraiment : n'est-ce pas que c'est curieux?

— Si curieux que vous risquez la diffamation, ce me semble, et que vous risquez un procès fort chanceux.

— Pas du tout ; nous avons reçu avec la note toutes les pièces à l'appui, et nous sommes parfaitement convaincus que M. de Morcerf se tiendra tranquille ; d'ailleurs c'est un service à rendre au pays que de lui dénoncer les misérables indignes de l'honneur qu'on leur fait.

Beauchamp demeura interdit.

— Mais qui donc vous a si bien renseignés ? demanda-t-il ; car mon journal, qui avait donné l'éveil, a été forcé de s'abstenir faute de preuves, et cependant nous sommes plus intéressés que vous à dévoiler M. de Morcerf, puisqu'il est pair de France, et que nous faisons de l'opposition.

— Oh! mon Dieu, c'est bien simple; nous n'avons pas couru après le scandale, il est venu nous trouver. Un homme nous est arrivé hier de Janina, apportant le formidable dossier, et comme nous hésitions à nous jeter dans la voie de l'accusation, il nous a annoncé qu'à notre refus l'article paraîtrait dans un autre journal. Ma foi, vous savez, Beauchamp, ce que c'est qu'une nouvelle importante; nous n'avons pas voulu laisser perdre celle-là. Maintenant le coup est porté; il est terrible et retentira jusqu'au bout de l'Europe.

Beauchamp comprit qu'il n'y avait plus qu'à baisser la tête, et sortit au désespoir pour envoyer un courrier à Morcerf.

Mais ce qu'il n'avait pas pu écrire à Albert, car les choses que nous allons raconter étaient postérieures au départ de son courrier, c'est que le même jour, à la Chambre des Pairs, une grande agitation s'était manifestée et régnait dans les groupes ordinairement si calmes de la haute assemblée. Chacun était arrivé presque avant l'heure, et s'entretenait du sinistre évènement qui allait occuper l'attention publique et la fixer sur un des membres les plus connus de l'illustre corps.

C'étaient des lectures à voix basse de
l'article, des commentaires et des échanges de souvenirs qui précisaient encore
mieux les faits. Le comte de Morcerf n'était pas aimé parmi ses collègues. Comme
tous les parvenus, il avait été forcé,
pour se maintenir à son rang, d'observer
un excès de hauteur. Les grandes aristocraties riaient de lui ; les talents le répudiaient ; les gloires pures le méprisaient
instinctivement. Le comte en était à cette
extrémité fâcheuse de la victime expiatoire. Une fois désignée par le doigt du
seigneur pour le sacrifice, chacun s'apprêtait à crier haro.

Seul le comte de Morcerf ne savait
rien. Il ne recevait pas le journal où se
trouvait la nouvelle diffamatoire, et avait

passé la matinée à écrire des lettres et à essayer un cheval.

Il arriva donc à son heure accoutumée, la tête haute, l'œil fier, la démarche insolente, descendit de voiture, dépassa les corridors et entra dans la salle, sans remarquer les hésitations des huissiers et les demi-saluts de ses collègues.

Lorsque Morcerf entra, la séance était déjà ouverte depuis plus d'une demi-heure.

Quoique le comte, ignorant, comme nous l'avons dit, de tout ce qui s'était passé, n'eût rien changé à son air ni à sa démarche, son air et sa démarche parurent à tous plus orgueilleux que d'habitude, et sa présence dans cette occasion parut tellement agressive à cette assemblée jalouse de son honneur, que tous y virent une inconvenance, plusieurs une bravade, quelques uns une insulte.

Il était évident que la Chambre tout entière brûlait d'entamer le débat.

On voyait le journal accusateur aux mains de tout le monde ; mais, comme toujours, chacun hésitait à prendre sur lui la responsabilité de l'attaque. Enfin un des honorables pairs, ennemi déclaré du comte de Morcerf, monta à la tribune avec une solennité qui annonçait que le moment attendu était arrivé.

Il se fit un effrayant silence; Morcerf seul ignorait la cause de l'attention profonde que l'on prêtait cette fois à un orateur qu'on n'avait pas toujours l'habitude d'écouter si complaisamment.

Le comte laissa passer tranquillement le préambule par lequel l'orateur établissait qu'il allait parler d'une chose tellement grave, tellement sacrée, tellement vitale pour la Chambre qu'il réclamait toute l'attention de ses collègues.

Aux premiers mots de Janina et du

colonel Fernand, le comte de Morcerf pâlit si horriblement, qu'il n'y eut qu'un frémissement dans cette assemblée, dont tous les regards convergeaient vers le comte.

Les blessures morales ont cela de particulier qu'elles se cachent, mais ne se referment pas; toujours douloureuses, toujours prêtes à saigner quand on les touche, elles restent vives et béantes dans le cœur.

La lecture de l'article achevée au milieu de ce même silence, troublé alors par un frémissement qui cessa aussitôt que l'orateur parut disposé à reprendre de nouveau la parole, l'accusateur exposa son scrupule, et se mit à établir combien sa tâche était difficile ; c'était l'honneur de M. de Morcerf ; c'était celui de toute la Chambre qu'il prétendait défendre en provoquant un débat qui devait s'attaquer à ces questions personnelles toujours si brûlantes. Enfin il conclut en demandant qu'une enquête fût ordonnée, assez rapide pour confondre, avant qu'elle eût eu le temps de grandir, la calomnie, et pour rétablir M. de Morcerf, en le vengeant, dans la position que l'opinion publique lui avait faite depuis longtemps.

Morcerf était si accablé, si tremblant devant cette immense et inattendue calamité, qu'il put à peine balbutier quelques mots en regardant ses confrères d'un œil égaré. Cette timidité, qui d'ailleurs pouvait aussi bien tenir à l'étonnement de l'innocent qu'à la honte du coupable, lui concilia quelques sympathies. Les hommes vraiment généreux sont toujours prêts à devenir compatissants, lorsque le malheur de leur ennemi dépasse les limites de leur haine.

Le président mit l'enquête aux voix; on vota par assis et levé, et il fut décidé que l'enquête aurait lieu.

On demanda au comte combien il lui fallait de temps pour préparer sa justification.

Le courage était revenu à Morcerf dès

qu'il s'était senti vivant encore après cet horrible coup.

— Messieurs les Pairs, répondit-il, ce n'est point avec du temps qu'on repousse une attaque comme celle que dirigent en ce moment contre moi des ennemis inconnus et restés dans l'ombre de leur obscurité sans doute; c'est sur-le-champ, c'est par un coup de foudre qu'il faut que je réponde à l'éclair qui un instant m'a ébloui; que ne m'est-il donné, au lieu d'une pareille justification, d'avoir à répandre mon sang pour prouver à mes nobles collègues que je suis digne de marcher leur égal!

Ces paroles firent une impression favorable pour l'accusé.

— Je demande donc, dit-il, que l'enquête ait lieu le plus tôt possible, et je fournirai à la Chambre toutes les pièces nécessaires à l'efficacité de cette enquête.

— Quel jour fixez-vous? demanda le président.

— Je me mets dès aujourd'hui à la disposition de la Chambre, répondit le comte.

Le président agita la sonnette.

— La Chambre est-elle d'avis, demanda-t-il, que cette enquête ait lieu aujourd'hui même?

—Oui ! fut la réponse unanime de l'assemblée.

On nomma une commission de douze membres pour examiner les pièces à fournir par Morcerf. L'heure de la première séance de cette commission fut fixée à huit heures du soir, dans les bureaux de la Chambre. Si plusieurs séances étaient nécessaires, elles auraient lieu à la même heure et dans le même endroit.

Cette décision prise, Morcerf demanda la permission de se retirer ; il avait à recueillir les pièces amassées depuis longtemps par lui pour faire tête à cet orage, prévu par son cauteleux et indomptable caractère.

Beauchamp raconta au jeune homme toutes les choses que nous venons de dire à notre tour : seulement son récit eut sur le nôtre l'avantage de l'animation des choses vivantes sur la froideur des choses mortes.

Albert l'écouta en frémissant tantôt d'espoir, tantôt de colère, parfois de honte ; car, par la confidence de Beauchamp, il savait que son père était coupable, et il se demandait comment, puisqu'il était coupable, il pourrait en arriver à prouver son innocence.

Arrivé au point où nous en sommes, Beauchamp s'arrêta.

— Ensuite? demanda Albert.

— Ensuite? répéta Beauchamp.

— Oui.

— Mon ami, ce mot m'entraîne dans une horrible nécessité. Voulez-vous donc savoir la suite?

— Il faut absolument que je la sache, mon ami, et j'aime mieux la connaître de votre bouche que d'aucune autre.

— Eh bien ! reprit Beauchamp, apprêtez donc votre courage, Albert ; jamais vous n'en aurez eu plus besoin.

Albert passa une main sur son front pour s'assurer de sa propre force, comme un homme qui s'apprête à défendre sa vie essaie sa cuirasse et fait ployer la lame de son épée.

Il se sentit fort, car il prenait sa fièvre pour de l'énergie.

— Allez ! dit-il.

—Le soir arriva, continua Beauchamp. Tout Paris était dans l'attente de l'évènement. Beaucoup prétendaient que votre père n'avait qu'à se montrer pour faire crouler l'accusation; beaucoup aussi disaient que le comte ne se présenterait pas ; il y en avait qui assuraient l'avoir vu partir pour Bruxelles, et quelques uns allèrent à la police demander s'il était vrai, comme on le disait, que le comte eût pris ses passeports.

Je vous avouerai que je fis tout au monde, continua Beauchamp, pour obtenir d'un des membres de la commission, jeune pair de mes amis, d'être introduit dans une sorte de tribune. A sept heures il vint me prendre, et avant que personne ne fût arrivé, me recommanda à un huissier qui m'enferma dans une espèce de loge. J'étais masqué par une colonne et

perdu dans une obscurité complète ;
je pus espérer que je verrais et que j'entendrais d'un bout à l'autre la terrible
scène qui allait se dérouler.

A huit heures précises, tout le monde
était arrivé.

M. de Morcerf entra sur le dernier
coup de huit heures. Il tenait à la main
quelques papiers, et sa contenance semblait calme ; contre son habitude, sa démarche était simple, sa mise recherchée
et sévère, et, selon la coutume des anciens militaires, il portait son habit boutonné depuis le bas jusqu'en haut.

Sa présence produisit le meilleur effet: la commission était loin d'être malveillante, et plusieurs de ses membres vinrent au comte et lui donnèrent la main.

Albert sentit que son cœur se brisait à tous ces détails, et cependant au milieu de sa douleur se glissait un sentiment de reconnaissance; il eût voulu pouvoir embrasser ces hommes qui avaient donné à son père cette marque d'estime dans un si grand embarras de son honneur.

En ce moment un huissier entra et remit une lettre au président.

— Vous avez la parole, monsieur de

Morcerf, dit le président, tout en décachetant la lettre.

Le comte commença son apologie, et je vous affirme, Albert, continua Beauchamp, qu'il fut d'une éloquence et d'une habileté extraordinaires. Il produisit des pièces qui prouvaient que le vizir de Janina l'avait, jusqu'à sa dernière heure, honoré de toute sa confiance, puisqu'il l'avait chargé d'une négociation de vie et de mort avec l'empereur lui-même. Il montra l'anneau, signe de commandement, et avec lequel Ali-Pacha cachetait d'ordinaire ses lettres, et que celui-ci lui avait donné pour qu'il pût à son retour, à quelque heure du jour ou de la nuit que ce fût, et fût-il dans son harem, pénétrer jusqu'à lui.

Malheureusement, dit-il, sa négociation avait échoué, et quand il était revenu pour défendre son bienfaiteur, il était déjà mort. Mais, dit le comte, en mourant, Ali-Pacha, tant était grande sa confiance, lui avait confié sa maîtresse favorite et sa fille.

Albert tressaillit à ces mots, car à mesure que Beauchamp parlait, tout le récit d'Haydée revenait à l'esprit du jeune homme, et il se rappelait ce que la belle Grecque avait dit de ce message, de cet anneau et de la façon dont elle avait été vendue et conduite en esclavage.

— Et quel fut l'effet du discours du comte? demanda avec anxiété Albert.

— J'avoue qu'il m'émut, et qu'en même temps que moi, il émut toute la commission, dit Beauchamp.

Cependant le président jeta négligemment les yeux sur la lettre qu'on venait de lui apporter; mais aux premières lignes son attention s'éveilla; il la lut, la relut encore, et fixant les yeux sur M. de Morcerf :

— M. le comte, dit-il, vous venez de nous dire que le vizir de Janina vous avait confié sa femme et sa fille ?

— Oui, Monsieur, répondit Morcerf; mais en cela comme dans tout le reste, le malheur me poursuivait. A mon retour, Vasiliki et sa fille Haydée avaient disparu.

— Vous les connaissiez ?

— Mon intimité avec le Pacha, et la suprême confiance qu'il avait dans ma fidélité, m'avaient permis de les voir plus de vingt fois.

— Avez-vous quelque idée de ce qu'elles sont devenues ?

— Oui, Monsieur. J'ai entendu dire qu'elles avaient succombé à leur chagrin et peut-être à leur misère. Je n'étais pas riche, ma vie courait de grands dangers, je ne pus me mettre à leur recherche, à mon grand regret.

Le président fronça imperceptiblement le sourcil.

— Messieurs, dit-il, vous avez entendu et suivi M. le comte de Morcerf en ses explications. — M. le comte, pouvez-vous, à l'appui du récit que vous venez de faire, fournir quelque témoin?

— Hélas! non, Monsieur, répondit le comte; tous ceux qui entouraient le vizir et qui m'ont connu à sa cour, sont ou morts ou dispersés ; seul, je crois, du moins seul de mes compatriotes, j'ai survécu à cette affreuse guerre ; je n'ai que les lettres d'Ali-Tebelin, et je les ai mises sous vos yeux ; je n'ai que l'anneau, gage de sa volonté, et le voici ; j'ai enfin la preuve la plus convaincante que je puisse fournir, c'est-à-dire après une attaque anonyme, l'absence de tout témoignage contre ma parole d'honnête homme, et la pureté de toute ma vie militaire.

Un murmure d'approbation courut dans l'assemblée ; en ce moment, Albert, et s'il ne fût survenu aucun nouvel incident, la cause de votre père était gagnée.

Il ne restait plus qu'à aller aux voix, lorsque le président prit la parole :

— Messieurs, dit-il, et vous, monsieur le comte, vous ne seriez point fâchés, je le présume, d'entendre un témoin très-important, à ce qu'il assure, et qui vient de se produire de lui-même ; ce témoin, nous n'en doutons pas, d'après tout ce que nous a dit le comte, est appelé à prouver la parfaite innocence de notre collègue. Voici la lettre que je viens de recevoir à cet égard ; désirez-vous qu'elle vous soit lue, ou décidez-vous qu'il sera passé outre, et qu'on ne s'arrêtera point à cet incident?

M. de Morcerf pâlit et crispa ses mains

sur les papiers qu'il tenait, et qui crièrent entre ses doigts.

La réponse de la commission fut pour la lecture : quant au comte, il était pensif et n'avait point d'opinion à émettre.

Le président lut en conséquence la lettre suivante :

« M. le président,

« Je puis fournir à la commission d'enquête, chargée d'examiner la conduite, en Epire et en Macédoine, de M. le lieutenant-général comte de Morcerf, les renseignements les plus positifs. »

Le président fit une courte pose.

Le comte de Morcerf pâlit; le président interrogea les auditeurs du regard.

— Continuez! s'écria-t-on de tous côtés.

Le président reprit :

« J'étais sur les lieux à la mort d'Ali-Pacha; j'assistai à ses derniers moments; je sais ce que devinrent Vasiliki et Haydée : je me tiens à la disposition de la commission, et réclame même l'honneur de me faire entendre. Je serai dans le vestibule de la Chambre au moment où l'on vous remettra ce billet. »

— Et quel est ce témoin, ou plutôt cet ennemi? demanda le comte d'une voix dans laquelle il était facile de remarquer une profonde altération.

— Nous allons le savoir, Monsieur, répondit le président. La commission est-elle d'avis d'entendre ce témoin?

— Oui! oui! dirent en même temps toutes les voix.

On rappela l'huissier.

— Huissier, demanda le président, y a-t-il quelqu'un qui attende dans le vestibule?

— Oui, monsieur le président.

— Qui est-ce que ce quelqu'un ?

— Une femme accompagnée d'un serviteur.

Chacun se regarda.

— Faites entrer cette femme, dit le président.

Cinq minutes après, l'huissier reparut ; tous les yeux étaient fixés sur la porte, et moi-même, dit Beauchamp, je partageais l'attente et l'anxiété générales.

Derrière l'huissier, marchait une femme enveloppée d'un grand voile qui la cachait toute entière. On devinait bien, aux formes que trahissait ce voile et aux parfums qui s'en exhalaient, la présence d'une femme jeune et élégante, mais voilà tout.

Le président pria l'inconnue d'écarter son voile, et l'on put voir alors que cette femme était vêtue à la grecque ; en outre, elle était d'une suprême beauté.

— Ah! dit Morcerf, c'était elle.

— Comment? elle.

— Oui, Haydée.

— Qui vous l'a dit?

— Hélas! je le devine. Mais, continuez, Beauchamp, je vous prie. Vous voyez que je suis calme et fort. Et cependant nous devons approcher du dénoûment.

— M. de Morcerf, continua Beauchamp, regardait cette femme avec une surprise mêlée d'effroi. Pour lui, c'était la vie ou la mort qui allait sortir de cette bouche charmante ; pour tous les autres, c'était une aventure si étrange et si pleine de curiosité, que le salut ou la perte de M. de Morcerf n'entrait déjà plus dans cet évènement que comme un élément secondaire.

Le président offrit de la main un siège à la jeune femme ; mais elle fit signe de la tête qu'elle resterait debout. Quant au comte, il était retombé sur son fauteuil, et il était évident que ses jambes refusaient de le porter.

—Madame, dit le président, vous avez écrit à la commission pour lui donner des renseignements sur l'affaire de Janina, et vous avez avancé que vous aviez été témoin oculaire des évènements.

— Et je le fus en effet, répondit l'inconnue avec une voix pleine d'une tristesse charmante, et empreinte de cette sonorité particulière aux voix orientales.

— Cependant, reprit le président, permettez-moi de vous dire que vous étiez bien jeune alors.

— J'avais quatre ans; mais comme les évènements avaient pour moi une suprême importance, pas un détail n'est sorti de mon esprit, pas une particularité n'a échappé à ma mémoire.

—Mais quelle importance avaient donc pour vous ces évènements, et qui êtes-vous pour que cette grande catastrophe ait produit sur vous une si profonde impression ?

— Il s'agissait de la vie ou de la mort de mon père, répondit la jeune fille, et je m'appelle Haydée, fille d'Ali-Tebelin, pacha de Janina, et de Vasiliki, sa femme bien-aimée.

La rougeur modeste et fière tout à la fois qui empourpra les joues de la jeune femme, le feu de son regard et la majesté de sa révélation, produisirent sur l'assemblée un effet inexprimable.

Quant au comte, il n'eût pas été plus anéanti, si la foudre en tombant eût ouvert un abîme à ses pieds.

— Madame, reprit le président, après s'être incliné avec respect, permettez-moi une simple question qui n'est pas un doute, et cette question sera la dernière: pouvez-vous justifier l'authenticité de ce que vous dites.

— Je le puis, Monsieur, dit Haydée en tirant de dessous son voile un sachet de satin parfumé ; car voici l'acte de ma naissance rédigé par mon père et signé par ses principaux officiers; car voici, avec l'acte de ma naissance, l'acte de mon baptême, mon père ayant consenti à ce que je fusse élevée dans la religion de ma mère, acte que le grand primat de Macédoine et d'Epire a revêtu de son sceau ; voici enfin (et ceci est le plus important sans doute) l'acte de la vente qui fut faite de ma personne et de celle de ma mère au marchand arménien El-Kobbir, par l'officier franc qui, dans son infâme marché avec la Porte, s'était réservé, pour sa part de butin, la fille et la femme de son bienfaiteur, qu'il vendit pour la somme de mille bourses, c'est-à-dire pour quatre cent mille francs à peu près.

Une pâleur verdâtre envahit les joues du comte de Morcerf, et ses yeux s'injectèrent de sang à l'énoncé de ces imputations terribles qui furent accueillies de l'assemblée avec un lugubre silence.

Haydée, toujours calme, mais bien plus menaçante dans son calme qu'une autre ne l'eût été dans sa colère, tendit au président l'acte de vente rédigé en langue arabe.

Comme on avait pensé que quelques unes des pièces produites seraient rédigées en arabe, en romaïque ou en turc, l'interprète de la Chambre avait été prévenu; on l'appela.

Un des nobles pairs à qui la langue arabe, qu'il avait apprise pendant la sublime campagne d'Egypte, était familière, suivit sur le vélin la lecture que le traducteur en fit à voix haute.

« Moi, El-Kobbir, marchand d'esclaves et fournisseur du harem de S. H., reconnais avoir reçu, pour la remettre au sublime empereur, du seigneur franc comte de Monte-Christo, une émeraude évaluée deux mille bourses, pour prix d'une jeune esclave chrétienne âgée de onze ans, du nom de Haydée, et fille reconnue de défunt seigneur Ali-Tebelin, pacha de Janina, et de Vasiliki, sa favorite; laquelle m'avait été vendue il y avait sept ans avec sa mère, morte en arrivant à Constantinople, par un colonel franc, au service du vizir Ali-Tebelin, nommé Fernand Mondego.

« La susdite vente m'avait été faite pour le comte de S. H., dont j'avais mandat, moyennant la somme de mille bourses.

« Fait à Constantinople avec autorisation de S. H., l'année 1247 de l'Hégire.

« *Signé* EL-KOBBIR.

« Le présent acte, pour lui donner toute foi, toute croyance et toute authenticité, sera revêtu du sceau impérial, que le vendeur s'oblige à y faire apposer. »

Près de la signature du marchand on voyait en effet le sceau du sublime empereur.

A cette lecture et à cette vue succéda un silence terrible; le comte n'avait plus que le regard, et ce regard, attaché comme malgré lui sur Haydée, semblait de flamme et de sang.

— Madame, dit le président, ne peut-on interroger le comte de Monte-Christo, lequel est à Paris près de vous, à ce que je crois?

— Monsieur, répondit Haydée, le comte de Monte-Christo, mon autre père, est en Normandie depuis trois jours.

— Mais alors, Madame, dit le président, qui vous a conseillé cette démarche, démarche dont la Cour vous remercie, et qui, d'ailleurs, est toute naturelle, d'après votre naissance et vos malheurs ?

— Monsieur, répondit Haydée, cette démarche m'a été conseillée par mon respect et par ma douleur. Quoique chrétienne, Dieu me pardonne ! j'ai toujours songé à venger mon illustre père. Or, quand j'ai mis le pied en France, quand j'ai su que le traître habitait Paris, mes yeux et mes oreilles sont restés constamment ouverts. Je vis retirée dans la maison de mon noble protecteur, mais je vis ainsi parce que j'aime l'ombre et le silence qui me permettent de vivre dans ma pensée et dans mon recueillement. Mais M. le comte de Monte-Christo m'entoure de soins paternels, et rien de ce qui constitue la vie du monde ne m'est étranger; seulement je n'en accepte que le bruit lointain. Ainsi je lis tous les journaux, comme on m'envoie tous les albums, comme je reçois toutes les mélodies; et c'est en suivant, sans m'y prêter, la vie des autres, que j'ai su ce qui s'était passé ce matin à la Chambre des Pairs, et ce qui devait s'y passer ce soir... alors, j'ai écrit.

— Ainsi, demanda le président, M. le comte de Monte-Christo n'est pour rien dans votre démarche?

— Il l'ignore complétement, Monsieur, et même je n'ai qu'une crainte, c'est qu'il la désapprouve quand il l'apprendra ; cependant c'est un beau jour pour moi, continua la jeune fille en levant au ciel un regard tout ardent de flammes, que celui où je trouve enfin l'occasion de venger mon père !

Le comte, pendant tout ce temps, n'avait point prononcé une seule parole ; ses collègues le regardaient, et sans doute plaignaient cette fortune brisée sous le souffle parfumé d'une femme ; son malheur s'écrivait peu à peu en traits sinistres sur son visage.

— Monsieur de Morcerf, dit le président, reconnaissez-vous Madame pour la fille d'Ali-Tebelin, pacha de Janina ?

— Non, dit Morcerf en faisant un effort pour se lever, et c'est une trame ourdie par mes ennemis.

Haydée, qui tenait ses yeux fixés vers la porte, comme si elle attendait quelqu'un, se retourna brusquement, et, retrouvant le comte debout, elle poussa un cri terrible :

— Tu ne me reconnais pas, dit-elle; eh bien! moi heureusement je te reconnais! tu es Fernand Mondego, l'officier franc qui instruisait les troupes de mon noble père. C'est toi qui as livré les châteaux de Janina! c'est toi qui, envoyé par lui à Constantinople pour traiter directement avec l'empereur de la vie ou de la mort de ton bienfaiteur, as rapporté un faux firman qui accordait grâce entière! c'est toi qui, avec ce firman, as obtenu la bague du pacha qui devait te faire obéir par Sélim, le gardien du feu; c'est toi qui as poignardé Sélim! c'est toi qui nous a vendues, ma mère et moi, au marchand El-Kobbir! Assassin! assassin! assassin! tu as encore au front le sang de ton maître! regardez tous!

Ces paroles avaient été prononcées avec un tel enthousiasme de vérité, que tous les yeux se tournèrent vers le front du comte, et que lui-même y porta la main comme s'il y eût senti, tiède encore, le sang d'Ali.

— Vous reconnaissez donc positivement M. de Morcerf pour être le même que l'officier Fernand Mondego?

— Si je le reconnais! s'écria Haydée. Oh! ma mère! tu m'as dit : Tu étais libre, tu avais un père que tu aimais, tu étais destinée à être presque une reine! Regarde bien cet homme, c'est lui qui t'a faite esclave, c'est lui qui a levé au bout d'une pique la tête de ton père, c'est lui qui nous a vendues, c'est lui qui nous as livrées! Regarde bien sa main droite, celle qui a une large cicatrice; si tu oubliais son visage, tu le reconnaîtrais à cette main dans laquelle sont tombées une à une les pièces d'or du marchand El-Kobbir! Si je le reconnais! Oh! qu'il dise maintenant lui-même s'il ne me reconnaît pas!

Chaque mot tombait comme un coutelas sur Morcerf et retranchait une parcelle de son énergie ; aux derniers mots, il cacha vivement et malgré lui sa main, mutilée en effet par une blessure, dans sa poitrine, et retomba sur son fauteuil, abîmé dans un morne désespoir.

Cette scène avait fait tourbillonner les esprits de l'assemblée, comme on voit courir les feuilles détachées du tronc sous le vent puissant du nord.

— Monsieur le comte de Morcerf, dit

le président, ne vous laissez pas abattre, répondez : la justice de la Cour est suprême et égale pour tous comme celle de Dieu ; elle ne vous laissera pas écraser par vos ennemis sans vous donner les moyens de les combattre. Voulez-vous des enquêtes nouvelles ? voulez-vous que j'ordonne un voyage de deux membres de la Chambre à Janina ? Parlez !

Morcerf ne répondit rien.

Alors tous les membres de la commission se regardèrent avec une sorte de terreur. On connaissait le caractère énergique et violent du comte. Il fallait une bien terrible prostration pour annihiler la défense de cet homme ; il fallait enfin penser qu'à ce silence, qui ressemblait au sommeil, succéderait un réveil qui ressemblerait à la foudre.

— Eh bien ! lui demanda le président ; que décidez-vous ?

— Rien ! dit en se levant le comte avec une voix sourde.

— La fille d'Ali-Tebelin, dit le président, a donc déclaré bien réellement la vérité? elle est donc bien réellement le témoin terrible auquel il arrive toujours que le coupable n'ose répondre : NON ? Vous avez donc fait bien réellement toutes les choses dont on vous accuse ?

Le comte jeta autour de lui un regard dont l'expression désespérée eût touché des tigres, mais ne pouvait désarmer des juges ; puis il leva les yeux vers la voûte, mais il les détourna aussitôt, comme s'il eût craint que cette voûte, en s'ouvrant, ne fît resplendir ce second tribunal qui se nomme le ciel, cet autre juge qui s'appelle Dieu.

Alors, avec un brusque mouvement, il arracha les boutons de cet habit fermé qui l'étouffait, et sortit de la salle comme un sombre insensé ; un instant son pas retentit lugubrement sous la voûte sonore, puis bientôt le roulement de la voiture qui l'emportait au galop ébranla le portique de l'édifice florentin.

— Messieurs, dit le président, quand le silence fut rétabli, M. le comte de Morcerf est-il convaincu de félonie, de trahison et d'indignité ?

— Oui! répondirent d'une voix unanime tous les membres de la commission d'enquête.

Haydée avait assisté jusqu'à la fin à la séance; elle entendit prononcer la sentence du comte sans qu'un seul des traits de son visage exprimât ou la joie ou la pitié.

Alors, ramenant son voile sur son visage, elle salua majestueusement les conseillers, et sortit de ce pas dont Virgile voyait marcher les déesses.

CHAPITRE VII.

LA PROVOCATION.

Alors, continua Beauchamp, je profitai du silence et de l'obscurité de la salle pour sortir sans être vu. L'huissier qui m'avait introduit m'attendait à la porte. Il me conduisit à travers les corridors jusqu'à une petite porte donnant sur la rue de Vaugirard. Je sortis l'ame brisée et ravie tout à la fois, pardonnez-moi cette expression, Albert, brisée par rapport à vous, ravie de la noblesse de cette jeune fille poursuivant la vengeance paternelle. Oui, je vous le jure, Albert, de quelque part que vienne cette révélation, je dis, moi, qu'elle peut venir d'un ennemi, mais que cet ennemi n'est que l'agent de la Providence.

Albert tenait sa tête entre ses deux mains, il releva son visage, rouge de honte et baigné de larmes, et saisissant le bras de Beauchamp :

— Ami, lui dit-il, ma vie est finie : il me reste, non pas à dire comme vous que la Providence m'a porté le coup, mais à chercher quel homme me poursuit de son inimitié; puis, quand je le connaîtrai, je tuerai cet homme, ou cet homme me tuera ; or je compte sur votre amitié pour m'aider, Beauchamp, si toutefois le mépris ne l'a pas tuée dans votre cœur.

— Le mépris, mon ami ? et en quoi ce malheur vous touche-t-il ? Non, Dieu merci! nous n'en sommes plus au temps où un injuste préjugé rendait les fils responsables des actions des pères. Repassez toute votre vie, Albert; elle date d'hier, il est vrai, mais jamais aurore d'un beau jour fut-elle plus pure que votre orient ! Non, Albert, croyez-moi, vous êtes jeune, vous êtes riche; quittez la France, tout s'oublie vite dans cette grande Babylone à l'existence agitée et aux goûts changeants ; vous reviendrez dans trois ou quatre ans, vous aurez épousé quelque princesse russe, et personne ne songera plus à ce qui s'est passé hier, à plus forte raison à ce qui s'est passé il y a seize ans.

— Merci, mon cher Beauchamp, merci de l'excellente intention qui vous dicte vos paroles, mais cela ne peut être ainsi ; je vous ai dit mon désir, et maintenant, s'il le faut, je changerai le mot de désir en celui de volonté. Vous comprenez qu'intéressé comme je le suis dans cette affaire, je ne puis voir la chose du même point de vue que vous. Ce qui vous semble venir à vous d'une source céleste, me semble venir à moi d'une source moins pure. La providence me paraît, je vous l'avoue, fort étrangère à tout ceci, et cela heureusement, car au lieu de l'invisible et de l'impalpable messagère des récompenses et des punitions célestes, je trouverai un être palpable et visible, sur lequel je me vengerai, oh! oui, je vous le jure, de tout ce que je souffre depuis un mois. Maintenant, je vous le répète, Beauchamp, je tiens à rentrer dans la vie humaine et matérielle, et si vous êtes encore mon ami comme vous le dites, aidez-moi à retrouver la main qui a porté le coup.

— Alors, soit! dit Beauchamp; et si vous tenez absolument à ce que je descende sur la terre, je le ferai; si vous tenez à vous mettre à la recherche d'un ennemi, je m'y mettrai avec vous. Et je le trouverai, car mon honneur est presque aussi intéressé que le vôtre à ce que nous le retrouvions.

— Eh bien! alors, Beauchamp, vous comprenez, à l'instant même, sans retard, commençons nos investigations. Chaque minute de retard est une éternité pour moi; le dénonciateur n'est pas encore puni, il peut donc espérer qu'il ne le sera pas; et sur mon honneur, s'il l'espère, il se trompe.

— Eh bien! écoutez-moi, Morcerf.

— Ah! Beauchamp, je vois que vous savez quelque chose; tenez, vous me rendez la vie!

— Je ne vous dis pas que ce soit la réalité, Albert, mais c'est au moins une lumière dans la nuit : en suivant cette lumière, peut-être nous conduira-t-elle au but..

— Dites, vous voyez bien que je bous d'impatience.

— Eh bien! je vais vous raconter ce que je n'ai pas voulu vous dire en revenant de Janina.

— Parlez.

— Voilà ce qui s'est passé, Albert; j'ai

été tout naturellement chez le premier banquier de la ville pour prendre des informations : au premier mot que j'ai dit de l'affaire, avant même que le nom de votre père eût été prononcé :

— Ah! dit-il, très-bien, je devine ce qui vous amène.

— Comment cela, et pourquoi?

— Parce qu'il y a quinze jours à peine j'ai été interrogé sur le même sujet.

— Par qui?

— Par un banquier de Paris, mon correspondant.

— Que vous nommez ?

— M. Danglars.

— Lui ! s'écria Albert ; en effet, c'est bien lui qui depuis si longtemps poursuit mon pauvre père de sa haine jalouse ; lui, l'homme prétendu populaire, qui ne peut pardonner au comte de Morcerf d'être pair de France. Et, tenez, cette rupture de mariage sans raison donnée ; oui, c'est bien cela.

— Informez-vous, Albert (mais ne vous

emportez pas d'avance); informez-vous, dis-je, et si la chose est vraie...

— Oh! oui! si la chose est vraie, s'écria le jeune homme, il me paiera tout ce que j'ai souffert.

— Prenez garde, Morcerf, c'est un homme déjà vieux.

— J'aurai égard à son âge comme il a eu égard à l'honneur de ma famille; s'il en voulait à mon père, que ne frappait-il mon père? Oh! non, il a eu peur de se trouver en face d'un homme!

— Albert, je ne vous condamne pas,

je ne fais que vous retenir ; Albert, agissez prudemment.

— Oh! n'ayez pas peur; d'ailleurs, vous m'accompagnerez, Beauchamp, les choses solennelles doivent être traitées devant témoin. Avant la fin de cette journée, si M. Danglars est le coupable, M. Danglars aura cessé de vivre ou je serai mort. Pardieu, Beauchamp, je veux faire de belles funérailles à mon honneur.

— Eh bien! alors, quand de pareilles résolutions sont prises, Albert, il faut les mettre à exécution à l'instant même. Vous voulez aller chez M. Danglars? partons.

On envoya chercher un cabriolet de place. En entrant dans l'hôtel du banquier, on aperçut le phaéton et le domestique de M. Andrea Cavalcanti à la porte.

— Ah! parbleu! voilà qui va bien! dit Albert avec une voix sombre. Si M. Danglars ne veut pas se battre avec moi, je lui tuerai son gendre. Cela doit se battre, un Cavalcanti!

On annonça le jeune homme au banquier, qui, au nom d'Albert, sachant ce qui s'était passé la veille, fit défendre sa porte. Mais il était trop tard, Albert avait suivi le laquais; il entendit l'ordre donné, força la porte et pénétra, suivi de Beauchamp, jusque dans le cabinet du banquier.

— Mais, Monsieur, s'écria celui-ci, n'est-on plus maître de recevoir chez soi qui l'on veut, ou qui l'on ne veut pas? Il me semble que vous vous oubliez étrangement.

— Non, Monsieur, dit froidement Albert; il y a des circonstances, et vous êtes dans une de celles-là, où il faut, sauf lâcheté, je vous offre ce refuge, être chez soi, pour certaines personnes du moins.

— Alors, que me voulez-vous donc, Monsieur?

— Je veux, dit Morcerf, s'approchant sans paraître faire attention à Cavalcanti qui était adossé à la cheminée ; je veux vous proposer un rendez-vous dans un coin écarté, où personne ne vous dérangera pendant dix minutes, je ne vous en demande pas davantage ; où de deux hommes qui se seront rencontrés, il en restera un sous les feuilles.

Danglars pâlit, Cavalcanti fit un mouvement, Albert se retourna vers le jeune homme.

— Oh ! mon Dieu ! dit-il, venez si vous voulez, monsieur le Comte, vous avez le droit d'y être, vous êtes presque de la famille, et je donne de ces sortes de rendez-vous à autant de gens qu'il s'en trouvera pour les accepter.

Cavalcanti regarda d'un air stupéfait Danglars, lequel, faisant un effort, se leva et s'avança entre les deux jeunes gens. L'attaque d'Albert à Andrea venait de le placer sur un autre terrain, et il espérait que la visite d'Albert avait une autre cause que celle qu'il lui avait supposée d'abord.

FIN DU DOUZIÈME VOLUME.

TABLE DES CHAPITRES.

CHAP. Iᵉʳ. La Chambre du Boulanger retiré......	1
II. L'Effraction............................	73
III. La Main de Dieu.....................	129
IV. Beauchamp...........................	155
V. Le Voyage.............................	185
VI. Le Jugement.........................	237
VII. La Provocation......................	295

A LA MÊME LIBRAIRIE.

Ouvrages récemment parus.

Fernande, par Alexandre Dumas. . . . . 3 v.

Le Vétéran du camp de la Lune, par Marco de Saint-Hilaire. 2

Feu Bressier et **Histoire invraisemblable,** par Alphonse Karr. 3

Géraldine, par madame Reybaud. 2

Ne touchez pas à la Hache, par Amédée Gouet. 2

www.ingramcontent.com/pod-product-compliance
Lightning Source LLC
Chambersburg PA
CBHW060409170426
43199CB00013B/2069